Les Fausses Confidences

Du même auteur
dans la même collection

LA DISPUTE. LES ACTEURS DE BONNE FOI. L'ÉPREUVE.
LA DOUBLE INCONSTANCE (édition avec dossier).
LA FAUSSE SUIVANTE. L'ÉCOLE DES MÈRES. LA MÈRE CONFIDENTE.
L'ÎLE DES ESCLAVES. LE PRINCE TRAVESTI. LE TRIOMPHE DE L'AMOUR.
L'ÎLE DES ESCLAVES (édition avec dossier).
LE JEU DE L'AMOUR ET DU HASARD (édition avec dossier).
JOURNAUX (2 vol.)
LE PAYSAN PARVENU.
LA VIE DE MARIANNE.

MARIVAUX

Les Fausses Confidences

CHRONOLOGIE
PRÉSENTATION
NOTES
DOSSIER
BIBLIOGRAPHIE
LEXIQUE
par Catherine Naugrette

ÉDITION AUGMENTÉE ET MISE À JOUR (2012)
par Damien Crelier

GF Flammarion

ISBN : 978-2-0812-7031-2

Présentation

La création des *Fausses Confidences* – sous le titre *La Fausse Confidence* – eut lieu le samedi 16 mars 1737 sur la scène du Théâtre-Italien à Paris. Assez mal accueillie lors de la création, la pièce acquiert rapidement la faveur du public et elle est à ce jour la comédie la plus jouée de Marivaux, avec *Le Jeu de l'amour et du hasard* et *L'Épreuve*. Figurant parmi les dernières grandes comédies d'un ensemble dramatique fortement structuré, riche et cohérent, il s'agit en effet d'une œuvre majeure dans laquelle l'écrivain poursuit avec bonheur l'exploration de thèmes et de motifs récurrents (l'amour, le mariage, le déguisement), tandis qu'il invente une situation nouvelle, une autre forme d'expérimentation théâtrale et sociale, à travers les amours difficiles d'une riche veuve et d'un jeune homme pauvre. Les pièges, les ruses, les ambiguïtés des *Fausses Confidences* permettent d'étoffer l'intrigue d'une histoire simple à l'origine et d'en approfondir le romanesque.

UNE COMÉDIE TARDIVE

LES FAUSSES CONFIDENCES DANS L'ŒUVRE DE MARIVAUX

En 1737, Marivaux est âgé de cinquante et un ans. Il est célèbre depuis une quinzaine d'années : précisément depuis la création au Théâtre-Italien de *La Surprise de l'amour* en 1722. En 1742, il sera élu à l'Académie française et se retirera peu à peu de la carrière littéraire pour écrire encore quelques discours et, à de longs intervalles, ses dernières œuvres dramatiques. *Les Fausses Confidences* est ainsi sa vingt-septième pièce, la dernière de ses comédies en trois actes. Elle appartient déjà à ces comédies tardives dans lesquelles Bernard Dort voit le présage de lendemains violents : « Le poids de l'argent, des intérêts matériels à sauvegarder ou à conquérir, se fait de plus en plus impérieux. L'éducation sociale des personnages marivaudiens coïncide maintenant avec la transformation d'une société. Derrière l'épreuve, une nouvelle forme dramaturgique s'esquisse : celle d'un conflit réel (et non plus imaginaire) entre les intérêts et les sentiments. La comédie bourgeoise s'élabore[1]. » En même temps, cette pièce constitue l'ultime articulation du théâtre marivaudien. *Les Fausses Confidence*s forme, avec les deux autres grandes comédies écrites par Marivaux dans les années 1730-1740 – *Le Jeu de l'amour et du hasard* (1730) et *L'Épreuve* (1740) –, une trilogie dont elle représente, au plan de la chronologie comme de la dramaturgie, la pièce charnière. Jamais encore Marivaux n'a poussé si loin le paradoxe et le pouvoir du marivaudage – développé, exploré toutes les surprises de l'amour, les subtilités de ses retournements et de ses avancées, à travers le jeu vertigineux des stratagèmes et des faux-fuyants de la séduction. Jamais plus il ne le tentera. Les comédies à venir constitueront un autre moment de l'œuvre, ultime volet dans lequel un écrivain met en question son propre théâtre, l'épurant jusqu'à la perfection (*L'Épreuve*), le dédoublant en des jeux de miroir troublants (*La Dispute*) ou réjouissants (*Les Acteurs de bonne foi*).

1. Bernard Dort, « À la recherche de l'amour et de la vérité. Esquisse d'un système marivaudien », *Théâtre public 1953-1966*, Seuil, 1967, p. 69-70.

LA CRÉATION

Pour les Comédiens-Italiens[1] également, la création des *Fausses Confidences* correspond à une période charnière. En 1737, la troupe des Italiens est installée à Paris depuis plus d'une vingtaine d'années : elle fut en effet appelée en 1716 par le Régent. Elle a changé, évolué, vieilli aussi. Luigi Riccoboni (Lélio) en a quitté la direction, certains comédiens sont partis, remplacés par de plus jeunes acteurs, la célèbre Silvia elle-même semble prête à se retirer. Surtout, Thomassin, c'est-à-dire Arlequin, est malade, diminué. D'où le rôle d'Arlequin, si modeste dans *Les Fausses Confidences.* Certes, Marivaux ressent la nécessité, en tant qu'auteur, de s'affranchir toujours davantage de la tradition italienne, de ses masques et de ses types. Cependant, la fatigue du comédien entraîne bien l'affaiblissement de son personnage. Et peut-être faut-il songer que l'âge de Silvia (née en 1701) trouve quelque écho dans celui d'Araminte, non plus jeune fille mais jeune veuve.

La distribution des *Fausses Confidences* reflète donc l'état d'une troupe qui est en train de se chercher, de se ressourcer. Aux côtés de Silvia (Zanetta Benozzi) qui joue donc Araminte, de Thomassin (Tomasso Vicentini) qui fait Arlequin, de Jean-Antoine Romagnesi, autre acteur-vedette du Théâtre-Italien, qui joue Dorante, de Mario (Giuseppe Balletti), mari de Silvia, qui joue le Comte, de Mademoiselle Belmont (Anne-Élisabeth Constantini) qui incarne Madame Argante, on trouve ainsi Deshayes (Jean-François de Hesse), engagé deux ans auparavant pour interpréter les valets, qui tient le rôle de Dubois, Antonio Sticotti, jeune acteur de vingt-cinq ans, qui joue Monsieur Remy, et Babet (Louise-Élisabeth Vicentini), la deuxième fille de Thomassin, dans le rôle de Marton. Cette distribution contrastée justifie

1. Voir le dossier, « Le théâtre à Paris en 1737 ».

peut-être le demi-succès que connut la pièce dans un premier temps. *La Fausse Confidence* ne resta pas longtemps à l'affiche de l'Hôtel de Bourgogne, et fut remplacée dès le début d'avril par un autre spectacle. Ce n'est que quelques mois plus tard, lors de la reprise de juillet 1738 sous son titre définitif, que la pièce fut « généralement applaudie ». Comme le précise *Le Mercure* de juillet 1738 : « Le public a rendu, à la reprise de cette ingénieuse pièce, la justice qu'elle mérite, ayant été représentée par les principaux acteurs dans la plus grande perfection. »

Un si long succès

Publiée en 1738, *Les Fausses Confidences* demeure au répertoire des Italiens jusqu'à la Révolution. Grâce à la liberté des théâtres décrétée en 1791, la pièce peut être représentée par d'autres troupes[1] et elle connaît alors un grand succès. Le public révolutionnaire est unanime pour applaudir cette comédie dans laquelle une belle et riche citoyenne préfère un citoyen désargenté à un « ci-devant » comte. Le 15 juin 1793, *Les Fausses Confidences* entre au répertoire de la Comédie-Française, avec Louise Contat dans le rôle d'Araminte et Fleury dans celui de Dorante. Après le bref épisode de la Terreur, la pièce est remise à l'affiche en août 1794 et remporte un triomphe. Depuis, elle a connu une fortune ininterrompue : *Les Fausses Confidences* est l'une des comédies de Marivaux les plus jouées à la Comédie-Française, les reprises se succédant avec régularité et succès. Les plus grands comédiens du Français ont interprété les personnages d'Araminte ou de Dorante. Dans le rôle d'Araminte, on peut citer

1. La pièce est jouée par les comédiens dissidents de la Comédie-Française, avec Talma dans le rôle de Dorante, en 1791, 1792 et 1793 au théâtre de la République et au théâtre du Marais, puis au théâtre Feydeau par la troupe du théâtre d'Émulation.

Mlle Mars (de 1808 à 1841), Mme Arnould-Plessy (de 1853 à 1869), Madeleine Brohan (1870), Berthe Cerny (1909), Madeleine Renaud (1938), Annie Ducaux (1949), Micheline Boudet (1969 et 1972). Dans celui de Dorante : Armand, Bressant, Maurice Escande, Jacques Toja, Simon Eine. Au total, *Les Fausses Confidences* a été représentée plus de sept cents fois à la Comédie-Française entre 1793 et 1996, date à laquelle Jean-Pierre Miquel a réalisé une nouvelle mise en scène de la pièce. Par ailleurs, nombreux sont les metteurs en scène à s'y être intéressés au XXe siècle, parmi lesquels Jean-Louis Barrault en 1946 et Jacques Lassalle en 1978[1].

LE VALET, LA VEUVE ET LE PRÉTENDANT

Les Fausses Confidences, c'est l'histoire simple d'un jeune homme pauvre qui veut épouser une riche veuve et qui y parvient, grâce à l'aide d'un valet. L'intrigue repose donc sur un trio de personnages : Dorante (le prétendant), Araminte (la veuve), Dubois (le valet). À l'intérieur de ce trio, un duo et un personnage solitaire : Dorante et Dubois d'une part, Araminte de l'autre. Tout au long de la pièce, Dorante est aidé de Dubois, s'appuie, se repose sur lui, tandis qu'Araminte est seule à tenter de se défendre face aux assauts de séduction dont elle est l'objet. À l'inverse du *Jeu de l'amour et du hasard* par exemple, où il s'agit d'un quatuor de personnages et où Silvia est activement secondée par sa femme de chambre Lisette face à Dorante et son valet Arlequin, Araminte ne peut compter sur l'aide de sa suivante Marton, qui est tantôt sa rivale, tantôt son ennemie. Amoureuse de

1. Voir le dossier, « Le point de vue des metteurs en scène ». On peut également citer le film de Roger Coggio et Daniel Moosman (1984), avec Brigitte Fossey (Araminte), Fanny Cottençon (Marton), Claude Brasseur (Dubois), Micheline Presle (Madame Argante).

Dorante, amie de Madame Argante et du Comte, Marton joue son propre jeu. Araminte ne peut pas non plus se fier à Dubois, désormais à son service mais qui demeure de cœur et d'esprit le valet de Dorante. Si ce dernier n'a pu le garder, faute d'argent, Dubois lui est toujours fidèle et brûle de se dévouer en lui faisant épouser sa nouvelle maîtresse, quitte à la forcer un peu :

DORANTE. Et tu me dis qu'elle est extrêmement raisonnable ?
DUBOIS. Tant mieux pour vous, et tant pis pour elle. Si vous lui plaisez, elle en sera si honteuse, elle se débattra tant, elle deviendra si faible, qu'elle ne pourra se soutenir qu'en épousant[1].

Arlequin quant à lui est trop grossier, trop benêt, pour devenir cet autre valet d'intrigue qui pourrait intervenir contre Dubois. Certes, il ne l'aime pas et chaque rencontre entre les deux tourne à la querelle :

ARLEQUIN, *voyant Dubois.* Ah ! te voilà donc, mal bâti.
DUBOIS. Tenez : n'est-ce pas là une belle figure pour se moquer de la mienne[2] ?

Mais d'une part, Arlequin n'est pas de taille à affronter Dubois, ses pièges et sa ruse. De l'autre, Araminte a commis l'erreur de le « donner » à son nouvel intendant, Dorante. D'où sans doute l'inquiétude d'Arlequin à la scène 8 du premier acte, qui est le prétexte d'une belle séquence, drôle, un peu touchante, servant peut-être à dénoncer l'une des premières erreurs commises par Araminte dans l'étrange partie qui s'engage : avoir mis son propre valet au service d'un autre. Arlequin sera d'ailleurs sans le vouloir l'un des rouages de la combinaison montée par Dubois, en remettant à Marton, au début du troisième acte, la lettre qu'il devait porter rue du Figuier. Enfin, Araminte est d'autant plus solitaire

1. Acte I, scène 2.
2. Acte III, scène 3.

qu'elle est également confrontée aux agissements d'un autre duo de personnages qui a, lui aussi, des visées matrimoniales. Touchée par « le beau nom de Dorimont et le rang de comtesse », sa propre mère, Madame Argante, agit en secret pour lui faire épouser le Comte, croyant d'ailleurs bien faire. Ainsi, lorsqu'elle veut persuader Dorante de dire à sa fille « que si elle plaidait, elle perdrait », elle affirme vouloir « la tromper à son avantage »[1].

Le piège

Araminte est donc seule ; l'ennemi est dans la place. Dès le début, la partie qui s'engage est inégale. D'où l'assurance de Dubois, lorsqu'il déclare à Dorante dans la scène 2 de l'acte I :

> Oh ! vous m'impatientez avec vos terreurs : eh que diantre ! un peu de confiance ; vous réussirez, vous dis-je. Je m'en charge, je le veux, je l'ai mis là ; nous sommes convenus de toutes nos actions ; toutes nos mesures sont prises ; je connais l'humeur de ma maîtresse, je sais votre mérite, je sais mes talents, je vous conduis, et on vous aimera, toute raisonnable qu'on est ; on vous épousera, toute fière qu'on est, et on vous enrichira, tout ruiné que vous êtes, entendez-vous ? Fierté, raison et richesse, il faudra que tout se rende.

Valet d'intrigue, Dubois est ce personnage qui peu à peu en vient à diriger la partie qu'il sert, à s'affirmer comme le vrai meneur de jeu. Il appartient ainsi à cette catégorie de personnages marivaudiens, qui, de pièce en pièce, s'amusent à conduire l'action et à manipuler les autres. Princes, pères ou valets, ils ont cette supériorité de pouvoir se situer tantôt à l'intérieur tantôt à l'extérieur de l'intrigue et d'avoir, grâce à ce point de vue,

1. Acte I, scène 10.

élargi un savoir qui les rend seuls maîtres du jeu. Les degrés de savoir et de pouvoir sont en effet différents selon les pièces. Dans *Le Jeu de l'amour et du hasard*, Monsieur Orgon se contente ainsi de savoir (il est au courant du double déguisement de sa fille et de son prétendant) et d'observer. Dans *L'Épreuve* en revanche, Lucidor est lui-même l'instigateur de l'intrigue, il la dirige et la mène jusqu'où bon lui semble : il déguise Arlequin, propose de faux prétendants à Angélique et la met à «l'épreuve» de toutes les façons possibles. Enfin, le Prince de *La Dispute* a tout préparé de longue date. Expérimentateur tout-puissant des âmes et des corps, il a fait élever à l'écart de toute société quatre enfants qu'il va mettre en présence à l'adolescence, pour le seul motif d'une dispute de cour, d'un débat sur l'infidélité des hommes et des femmes. Dubois se situe quant à lui à mi-chemin de Monsieur Orgon et de Lucidor. Comme Monsieur Orgon, il observe et commente. Comme Lucidor, il est le poseur de piège. À cet égard, il est l'exacte réplique de Flaminia dans *La Double Inconstance* : «Les deux grands virtuoses de la manipulation savante des cœurs, Flaminia dans *La Double Inconstance* et Dubois dans *Les Fausses Confidences*, se répondent rigoureusement dans la certitude de leur infaillibilité, fondée sur la connaissance du cœur humain et la mécanique des passions[1].»

L'AMOUR SANS HASARD

D'acte en acte, de scène en scène, Dubois déploie ainsi les arcanes d'une machination infaillible qui structure la pièce. Dans le premier acte, il met en place, installe, dis-

1. Jean Goldzink, «L'Escalier et le déshabillé. *Les Fausses Confidences*» [1997], *Comique et comédie au siècle des Lumières*, L'Harmattan, 2000, p. 201.

pose et expose. Dès la scène 2, il informe Dorante du complot qu'il a imaginé, exposant par là même la situation aux spectateurs. Tout le désigne d'ailleurs comme l'instigateur du complot. Son jeu de scène : il entre « avec un air de mystère », « il cherche, et regarde ». Le vocabulaire qu'il emploie : « notre projet », « notre affaire ». C'est ensuite pour obéir à ce projet que Dorante est introduit comme intendant auprès d'Araminte. C'est enfin pour mieux piéger Araminte que Dubois vient à la fin de l'acte lui faire la fausse confidence qui se révélera décisive. Comme le souligne Jean Goldzink, il s'agit là d'un véritable « roman d'amour », dont il lui « détaille plaisamment les stations extatiques, Araminte au chaud des salons, Dorante et son valet dans le gel et la rue (acte I, scène 14) » : « récit rusé »[1] grâce auquel il éveille le trouble et l'intérêt chez celle qui l'écoute, fascinée, captivée. L'acte se termine sur Dubois, seul, qui commente le déroulement du complot pour lui-même et pour le spectateur : « Allons faire jouer toutes nos batteries. »

Le jeu se poursuit donc dans l'acte suivant, quasiment en l'absence de Dubois, qui reste dans l'ombre et n'intervient que pour pousser les choses un peu plus avant. Après qu'une première « affaire » a été créée par l'arrivée d'une mystérieuse boîte et du portrait qu'elle contient, Dubois révèle à la scène 10 l'existence d'un autre portrait, accroché dans la chambre de Dorante, qui représente lui aussi Araminte, et qu'il feint d'avoir voulu ôter parce que Dorante le regardait un peu trop. À la scène 12, il accentue encore par d'autres contes, par de nouvelles fausses confidences, l'image de la passion de Dorante dans l'esprit et le cœur d'Araminte :

> ARAMINTE, *négligemment.* Il t'a donc tout conté ?
> DUBOIS. Oui, il n'y a qu'un moment, dans le jardin où il a voulu presque se jeter à mes genoux pour me conjurer de lui

1. *Ibid.*, p. 192.

> garder le secret sur sa passion, et d'oublier l'emportement qu'il eut avec moi quand je le quittai. Je lui ai dit que je me tairais, mais que je ne prétendais pas rester dans la maison avec lui, et qu'il fallait qu'il sortît ; ce qui l'a jeté dans des gémissements, dans des pleurs, dans le plus triste état du monde.

Puis, il commente à nouveau la bonne marche de l'intrigue à la scène 16 (« Voici l'affaire dans sa crise ! »), et fixe à Dorante un rendez-vous dans le jardin pour l'acte suivant.

Le troisième acte commence donc par une nouvelle entrevue secrète entre Dubois et Dorante qui rappelle la scène 2 de l'acte I. Dubois rassure Dorante et esquisse pour lui les dernières étapes de son projet. Il reprend les choses en main :

> Êtes-vous en état de juger de rien ? Allons, allons, vous vous moquez ; laissez faire un homme de sang-froid. Partez, d'autant plus que voici Marton qui vient à propos, et que je vais tâcher d'amuser, en attendant que vous envoyiez Arlequin.

Au motif du portrait succède alors la ruse de la lettre, dont la lecture publique à la scène 8 achève de cristalliser chez Araminte un amour jusqu'alors inavoué. Un dernier sursaut d'orgueil lui fait chasser un Dubois qui « s'en va en riant » et murmure : « Allons, voilà qui est parfait » (scène 9). Araminte cède enfin à l'amour de Dorante et se résout à l'épouser. Le piège a parfaitement fonctionné et Dubois ne peut que se féliciter. Il le fait d'ailleurs sur un ton et avec des mots qui résument sa double fonction dans la pièce. Au plan de l'action, il a été le maître du jeu. Symboliquement, il a sans doute remplacé le père absent de Dorante :

> Ouf ! ma gloire m'accable ; je mériterais bien d'appeler cette femme-là ma bru.

UNE INDÉPASSABLE AMBIGUÏTÉ

Le machiavélisme de Dubois, les mensonges de Dorante, la richesse d'Araminte : autant de motifs qui conduisent à s'interroger. Certes, Dorante aime Araminte. Il l'affirme à plusieurs reprises, notamment lors de ses rencontres avec Dubois. Il le déclare une première fois, lorsque la pièce commence :

> DUBOIS. [...] vous m'en direz des nouvelles, vous l'avez vue, et vous l'aimez ?
> DORANTE. Je l'aime avec passion, et c'est ce qui fait que je tremble[1].

Il le rappelle au début du troisième acte :

> Songe que je l'aime, et que, si notre précipitation réussit mal, tu me désespères.

Ce à quoi Dubois rétorque :

> Ah ! oui, je sais bien que vous l'aimez[2].

Araminte a sans doute raison de le croire elle aussi, lorsqu'il l'assure que dans tout ce qui s'est passé chez elle, il « n'y a rien de vrai que ma passion ». « Puisque vous m'aimez véritablement[3] », lui répond-elle. Cette raison-là excuse tout.

Il n'en demeure pas moins que dans *Les Fausses Confidences* le sentiment se trouve intimement lié à l'argent[4]. La fortune d'Araminte, chiffrée avec précision, est à la fois un obstacle, un moyen et, partiellement du moins, un but. Un obstacle, parce que tant d'argent (cinquante mille livres de rente) crée une inégalité sociale importante entre Dorante et Araminte. Un moyen, parce que enfin c'est précisément cette richesse qui fait de la jeune veuve

1. Acte I, scène 2.
2. Acte III, scène 1.
3. Acte III, scène 12.
4. Voir le dossier, « L'amour, l'argent ».

une femme libre de choisir un mari sans argent. Un but, surtout pour Dubois dont le projet est de refaire de Dorante un homme riche. La question de l'argent se révèle ainsi particulièrement importante dans *Les Fausses Confidences*, renvoyant avec clarté à un problème de société. Marivaux lui-même appartient à une bourgeoisie proche de la noblesse, qui vit de ses charges et des rentes de ses terres, qui partage le goût de l'aristocratie pour le prestige, son mépris pour tout travail lucratif, et qui connaît souvent les mêmes difficultés financières. Ruiné par la banqueroute de Law en 1720, il vivra toute sa vie du revenu de ses pièces, mais sans vouloir jamais en faire une carrière (au sens de métier), et des rentes qui lui restent. Marivaux est ainsi le témoin ironique et lucide de l'écart grandissant qui se creuse au XVIIIe siècle entre le rang et l'argent, écart que voudrait par exemple combler Madame Argante par le mariage de sa fille (riche) et du Comte (noble).

Les ruses de Dubois se révèlent donc nécessaires pour que Dorante puisse épouser Araminte. Toutefois, le cynisme avec lequel il mène l'affaire, sa façon presque crue de concevoir les choses jettent une lueur inquiétante sur l'amour de Dorante et son mariage avec Araminte. D'autant que l'attitude de Dorante est pour le moins ambiguë. Il se laisse aveuglément mener par Dubois, l'entend dire sans protester. Par exemple quand Dubois lui affirme que sa « bonne mine est un Pérou », que « voilà une taille qui vaut toutes les dignités possibles », ce qui revient à dire que ses avantages physiques remplacent en quelque sorte son manque de fortune, qu'ils sont monnayables. Dubois va même plus loin, imaginant déjà Dorante « en déshabillé dans l'appartement de Madame ». À cette vision aventureuse de sa future intimité amoureuse, Dorante répond seulement : « Quelle chimère ! » Or, comme le montre bien Jean Goldzink, « ce fantasme à la Vautrin repose sur une équivalence, l'équivalence de l'or et du corps. Araminte a l'or,

Dorante n'en a pas, et conclut qu'il n'a rien, mais son corps vaut de l'or[1] ».

D'où la tentation de reconnaître en Dorante un Don Juan, voire un Casanova, qui exploite les ruses de son valet pour parvenir à ses fins. Comme l'écrit Michel Deguy, « du Dorante des *Fausses Confidences* à Don Juan, nous observons qu'il n'y a qu'une mince différence : pour conquérir une jeune veuve en quelques heures, l'enlever en plein jour au su et au vu et contre le gré de tout le monde, bien plus : malgré la fureur d'une mère, le privilège d'un noble rival incomparablement mieux placé, la jalousie d'une petite fiancée-Elvire (c'est Marton), les conseils, assortis bientôt de déshéritage, d'un oncle Procureur, avec pour seule aide celle d'un Leporello (c'est Dubois), astucieux espion dans la place improvisant d'efficaces contretemps, et le maigre arsenal des deux stratagèmes classiques, éculés, du portrait et du billet… Don Juan n'eût pas fait mieux, ni Casanova[2] ».

Allant plus loin encore, lorsqu'il met en scène *Les Fausses Confidences* en 1978, Jacques Lassalle fait de Dorante un « terrible personnage totalement mat, opaque, indécidable[3] ». Il lui oppose d'ailleurs une Araminte sans illusion, une femme qui, tout simplement, décide de s'offrir « en toute lucidité » l'homme qui lui a plu. Car l'opacité de Dorante conduit à mettre en question le personnage d'Araminte. Si Dorante ressemble à Don Juan, s'il est le redoutable complice de Dubois, qui est Araminte ? Est-elle la victime, consciente ou inconsciente, consentante ou innocente, de la machination dont elle est l'objet ? Ne voit-elle en Dorante qu'un jeune homme

1. Jean Goldzink, « L'Escalier et le déshabillé. *Les Fausses Confidences* », *op. cit.*, p. 199.

2. Michel Deguy, *La Machine matrimoniale ou Marivaux* [1981], Tel-Gallimard, 1986, p. 84.

3. Jacques Lassalle, « Cet indécidable sourire », entretien avec Catherine Naugrette, *Europe*, numéro consacré à Marivaux, nov.-déc. 1996, p. 22. Voir aussi le dossier, « Le point de vue des metteurs en scène ».

timide qui l'aime? Ou bien s'affirme-t-elle en effet comme une jeune femme décidée à ne pas laisser passer sa dernière chance et à tout braver pour répondre à son propre désir? Comme le déclare assez tristement le Comte dans la dernière scène :

> Je vous entends, Madame, et sans l'avoir dit à Madame *(montrant Madame Argante)* je songeais à me retirer; j'ai deviné tout; Dorante n'est venu chez vous qu'à cause qu'il vous aimait; il vous a plu; vous voulez lui faire sa fortune : voilà tout ce que vous alliez dire.

Entre les intérêts et les sentiments, l'accord finalement se fait, fragile et ambigu; un sens se dessine, ambivalent. Alors que l'on croit encore à l'amour, à ses romans et à ses contes de fées, on sait pourtant la valeur de l'argent, la force des choses. «Qu'on le veuille ou non, le fait est que le théâtre de Marivaux travaille conjointement avec la vision romanesque, idéalisante, sentimentale, et la vision réaliste, ou cynique, ou comique[1].» De cette dualité fondatrice, indépassable, *Les Fausses Confidences* offre peut-être une illustration parfaite, la plus complexe de l'œuvre de Marivaux.

Catherine NAUGRETTE.

1. Jean Goldzink, «L'Escalier et le déshabillé. *Les Fausses Confidences*», *op. cit.*, p. 199.

Les Fausses Confidences

PERSONNAGES

ARAMINTE, fille de Madame Argante.
DORANTE, neveu de Monsieur Remy.
MONSIEUR REMY, procureur[1].
MADAME ARGANTE.
ARLEQUIN[2], valet d'Araminte.
DUBOIS, ancien valet de Dorante.
MARTON, suivante d'Araminte.
LE COMTE.
UN DOMESTIQUE parlant.
UN GARÇON joaillier.

La scène est chez Madame Argante.

1. Avant la Révolution, *procureur* désigne un avoué.
2. Qui s'appellera Lubin quand la pièce sera créée au Théâtre-Français en 1793.

ACTE PREMIER

Scène première

DORANTE, ARLEQUIN

ARLEQUIN, *introduisant Dorante*

Ayez la bonté, Monsieur, de vous asseoir un moment dans cette salle[1]; Mademoiselle Marton est chez Madame et ne tardera pas à descendre.

DORANTE

Je vous suis obligé.

ARLEQUIN

Si vous voulez, je vous tiendrai compagnie, de peur que l'ennui ne vous prenne; nous discourrons en attendant.

DORANTE

Je vous remercie; ce n'est pas la peine, ne vous détournez point[2].

---

1. Indication de lieu qui spécifie le décor du premier acte (et de toute la pièce) : l'action se déroule dans la salle de réception (la salle basse) de la maison de Madame Argante.

2. Ne vous dérangez pas.

ARLEQUIN

Voyez, Monsieur, n'en faites pas de façon : nous avons ordre de Madame d'être honnête*, et vous êtes témoin que je le suis.

DORANTE

Non, vous dis-je, je serai bien aise d'être un moment seul.

ARLEQUIN

Excusez, Monsieur, et restez à votre fantaisie.

Scène 2

DORANTE, DUBOIS, *entrant avec un air de mystère*

DORANTE

Ah! te voilà?

DUBOIS

Oui, je vous guettais.

DORANTE

J'ai cru que je ne pourrais me débarrasser d'un domestique qui m'a introduit ici et qui voulait absolument me désennuyer en restant. Dis-moi, Monsieur Remy n'est donc pas encore venu?

DUBOIS

Non : mais voici l'heure à peu près qu'il vous a dit qu'il arriverait. *(Il cherche et regarde.)* N'y a-t-il là personne qui nous voie ensemble? Il est essentiel que les domestiques ici ne sachent pas que je vous connaisse.

---

* Les astérisques renvoient au lexique en fin de volume.

DORANTE

Je ne vois personne.

DUBOIS

Vous n'avez rien dit de notre projet à Monsieur Remy, votre parent ?

DORANTE

Pas le moindre mot. Il me présente de la meilleure foi du monde, en qualité d'intendant[1], à cette dame-ci dont je lui ai parlé, et dont il se trouve le procureur ; il ne sait point du tout que c'est toi qui m'as adressé à lui : il la prévint hier ; il m'a dit que je me rendisse ce matin ici, qu'il me présenterait à elle, qu'il y serait avant moi, ou que s'il n'y était pas encore, je demandasse une Mademoiselle Marton. Voilà tout, et je n'aurais garde de lui confier notre projet, non plus qu'à personne, il me paraît extravagant, à moi qui m'y prête. Je n'en suis pourtant pas moins sensible à ta bonne volonté, Dubois ; tu m'as servi, je n'ai pu te garder, je n'ai pu même te bien récompenser de ton zèle ; malgré cela, il t'est venu dans l'esprit de faire ma fortune* ! en vérité, il n'est point de reconnaissance que je ne te doive.

DUBOIS

Laissons cela, Monsieur ; tenez, en un mot, je suis content de vous ; vous m'avez toujours plu ; vous êtes un excellent homme, un homme que j'aime ; et si j'avais bien de l'argent, il serait encore à votre service.

DORANTE

Quand pourrai-je reconnaître[2] tes sentiments pour moi ? Ma fortune serait la tienne ; mais je n'attends rien de notre entreprise, que la honte d'être renvoyé demain.

---

1. Homme de confiance chargé de gérer le domaine et les biens d'un riche propriétaire.
2. C'est-à-dire récompenser.

DUBOIS

Eh bien, vous vous en retournerez.

DORANTE

Cette femme-ci a un rang dans le monde ; elle est liée avec tout ce qu'il y a de mieux, veuve d'un mari qui avait une grande charge dans les finances, et tu crois qu'elle fera quelque attention à moi, que je l'épouserai, moi qui ne suis rien, moi qui n'ai point de bien ?

DUBOIS

Point de bien ! votre bonne mine est un Pérou[1] ! Tournez-vous un peu, que je vous considère encore ; allons, Monsieur, vous vous moquez, il n'y a point de plus grand seigneur que vous à Paris : voilà une taille qui vaut toutes les dignités possibles, et notre affaire est infaillible, absolument infaillible ; il me semble que je vous vois déjà en déshabillé dans l'appartement de Madame.

DORANTE

Quelle chimère !

DUBOIS

Oui, je le soutiens. Vous êtes actuellement dans votre salle et vos équipages[2] sont sous la remise.

DORANTE

Elle a plus de cinquante mille livres de rente[3], Dubois.

DUBOIS

Ah ! vous en avez bien soixante pour le moins.

---

1. Jeu de mots sur « mine » qui renvoie à la fois au teint de Dorante et aux richesses minières du Pérou.

2. Vos voitures.

3. Cette somme, considérable, correspond au revenu annuel d'Araminte. Cette précision chiffrée, dès l'exposition, donne le ton : la pièce est fortement ancrée dans une certaine réalité économique et sociale.

DORANTE

Et tu me dis qu'elle est extrêmement raisonnable ?

DUBOIS

Tant mieux pour vous, et tant pis pour elle. Si vous lui plaisez, elle en sera si honteuse, elle se débattra tant, elle deviendra si faible, qu'elle ne pourra se soutenir qu'en épousant ; vous m'en direz des nouvelles. Vous l'avez vue et vous l'aimez ?

DORANTE

Je l'aime avec passion, et c'est ce qui fait que je tremble !

DUBOIS

Oh ! vous m'impatientez avec vos terreurs : eh que diantre ! un peu de confiance ; vous réussirez, vous dis-je. Je m'en charge, je le veux, je l'ai mis là[1] ; nous sommes convenus de toutes nos actions ; toutes nos mesures sont prises ; je connais l'humeur de ma maîtresse, je sais votre mérite, je sais mes talents, je vous conduis, et on vous aimera, toute raisonnable qu'on est ; on vous épousera, toute fière qu'on est, et on vous enrichira, tout ruiné que vous êtes, entendez-vous ? Fierté, raison et richesse, il faudra que tout se rende. Quand l'amour parle, il est le maître, et il parlera : adieu ; je vous quitte ; j'entends quelqu'un, c'est peut-être Monsieur Remy ; nous voilà embarqués, poursuivons[2]. *(Il fait quelques pas, et revient.)* À propos, tâchez que Marton prenne un peu de goût* pour vous. L'amour et moi nous ferons le reste.

---

1. Dubois désigne sa tête.
2. L'assurance comptable et démonstrative de Dubois peut faire écho à Pascal (*Pensées*, fr. 680, éd. Philippe Sellier) : « Oui, mais il faut parier. Cela n'est pas volontaire, vous êtes embarqué. [...] Estimons ces deux cas : Si vous gagnez, vous gagnez tout ; si vous perdez, vous ne perdez rien. »

Scène 3

MONSIEUR REMY, DORANTE

MONSIEUR REMY

Bonjour, mon neveu; je suis bien aise de vous voir exact. Mademoiselle Marton va venir, on est allé l'avertir. La connaissez-vous?

DORANTE

Non, monsieur, pourquoi me le demandez-vous?

MONSIEUR REMY

C'est qu'en venant ici, j'ai rêvé à une chose… Elle est jolie, au moins*.

DORANTE

Je le crois.

MONSIEUR REMY

Et de fort bonne famille : c'est moi qui ai succédé à son père; il était fort ami du vôtre; homme un peu dérangé*; sa fille est restée sans bien; la dame d'ici a voulu l'avoir; elle l'aime, la traite bien moins en suivante qu'en amie, lui a fait beaucoup de bien, lui en fera encore, et a offert même de la marier. Marton a d'ailleurs une vieille parente asthmatique dont elle hérite, et qui est à son aise; vous allez être tous deux dans la même maison; je suis d'avis que vous l'épousiez : qu'en dites-vous?

DORANTE

Eh!… mais je ne pensais pas à elle.

MONSIEUR REMY

Eh bien, je vous avertis d'y penser; tâchez de lui plaire. Vous n'avez rien, mon neveu, je dis rien qu'un peu d'espérance. Vous êtes mon héritier; mais je me porte bien, et je ferai durer cela le plus longtemps que je pourrai, sans compter que je puis me marier : je n'en ai point d'envie; mais cette envie-là vient tout d'un coup : il y a tant de minois qui vous la donnent; avec une femme on a des enfants, c'est la coutume; auquel cas, serviteur* au collatéral[1]. Ainsi, mon neveu, prenez toujours vos petites précautions, et vous mettez[2] en état de vous passer de mon bien, que je vous destine aujourd'hui, et que je vous ôterai demain peut-être.

DORANTE

Vous avez raison, Monsieur, et c'est aussi à quoi je vais travailler.

MONSIEUR REMY

Je vous y exhorte. Voici Mademoiselle Marton : éloignez-vous de deux pas pour me donner le temps de lui demander comment elle vous trouve. *(Dorante s'écarte un peu.)*

Scène 4

MONSIEUR REMY, MARTON, DORANTE

MARTON

Je suis fâchée, Monsieur, de vous avoir fait attendre; mais j'avais affaire chez Madame.

MONSIEUR REMY

Il n'y a pas grand mal, Mademoiselle, j'arrive. Que pensez-vous de ce grand garçon-là? *(Montrant Dorante.)*

1. Parent avec lequel on a un ascendant commun. Un collatéral ne devient l'héritier d'une succession qu'en l'absence de parent direct. Ici, l'expression « serviteur au collatéral » est un avertissement adressé à Dorante : si Monsieur Remy se marie et a des enfants (héritiers directs), le collatéral (Dorante) perd son héritage.
2. Mettez-vous (impératif).

MARTON, *riant*

Eh! par quelle raison, Monsieur Remy, faut-il que je vous le dise?

MONSIEUR REMY

C'est qu'il est mon neveu.

MARTON

Eh bien! ce neveu-là est bon à montrer; il ne dépare point la famille.

MONSIEUR REMY

Tout de bon? C'est de lui dont j'ai parlé à Madame pour intendant, et je suis charmé qu'il vous revienne : il vous a déjà vue plus d'une fois chez moi quand vous y êtes venue; vous en souvenez-vous?

MARTON

Non, je n'en ai point d'idée.

MONSIEUR REMY

On ne prend pas garde à tout. Savez-vous ce qu'il me dit la première fois qu'il vous vit? Quelle est cette jolie fille-là? *(Marton sourit.)* Approchez, mon neveu. Mademoiselle, votre père et le sien s'aimaient beaucoup; pourquoi les enfants ne s'aimeraient-ils pas? En voilà un qui ne demande pas mieux; c'est un cœur qui se présente bien.

DORANTE, *embarrassé*

Il n'y a rien là de difficile à croire.

MONSIEUR REMY

Voyez comme il vous regarde; vous ne feriez pas là une si mauvaise emplette.

MARTON

J'en suis persuadée; Monsieur prévient en sa faveur, et il faudra voir.

MONSIEUR REMY

Bon, bon ! il faudra ! Je ne m'en irai point que cela ne soit vu.

MARTON, *riant*

Je craindrais d'aller trop vite.

DORANTE

Vous importunez Mademoiselle, Monsieur.

MARTON, *riant*

Je n'ai pourtant pas l'air si indocile.

MONSIEUR REMY, *joyeux*

Ah ! je suis content, vous voilà d'accord. Oh ! çà, mes enfants *(il leur prend les mains à tous deux)*, je vous fiance, en attendant mieux. Je ne saurais rester ; je reviendrai tantôt[1]. Je vous laisse le soin de présenter votre futur à Madame. Adieu, ma nièce. *(Il sort)*.

MARTON, *riant*

Adieu donc, mon oncle.

Scène 5

MARTON, DORANTE

MARTON

En vérité, tout ceci a l'air d'un songe. Comme Monsieur Remy expédie[2] ! Votre amour me paraît bien prompt, sera-t-il aussi durable ?

1. Tout à l'heure.
2. Construction intransitive : est expéditif.

DORANTE

Autant l'un que l'autre, Mademoiselle.

MARTON

Il s'est trop hâté de partir. J'entends Madame qui vient, et comme, grâce aux arrangements de Monsieur Remy, vos intérêts sont presque les miens, ayez la bonté d'aller un moment sur la terrasse[1], afin que je la prévienne*.

DORANTE

Volontiers, Mademoiselle.

MARTON, *en le voyant sortir*

J'admire ce penchant dont on se prend tout d'un coup l'un pour l'autre.

Scène 6

ARAMINTE, MARTON

ARAMINTE

Marton, quel est donc cet homme qui vient de me saluer si gracieusement, et qui passe sur la terrasse ? Est-ce à vous à qui il en veut ?

MARTON

Non, Madame, c'est à vous-même.

ARAMINTE, *d'un air assez vif*

Eh bien, qu'on le fasse venir ; pourquoi s'en va-t-il ?

1. Indication qui précise le lieu désigné dans la première réplique de la pièce (voir note 1, p. 23) : la salle de réception est doublée d'une terrasse, que l'on peut apercevoir depuis le premier plan du décor.

MARTON

C'est qu'il a souhaité que je vous parlasse auparavant. C'est le neveu de Monsieur Remy, celui qu'il vous a proposé pour homme d'affaires.

ARAMINTE

Ah ! c'est là lui ! Il a vraiment très bonne façon*.

MARTON

Il est généralement estimé, je le sais.

ARAMINTE

Je n'ai pas de peine à le croire : il a tout l'air de le mériter. Mais, Marton, il a si bonne mine pour un intendant, que je me fais quelque scrupule de le prendre ; n'en dira-t-on rien ?

MARTON

Et que voulez-vous qu'on dise ? Est-on obligé de n'avoir que des intendants mal faits ?

ARAMINTE

Tu as raison. Dis-lui qu'il revienne. Il n'était pas nécessaire de me préparer à le recevoir : dès que c'est Monsieur Remy qui me le donne, c'en est assez ; je le prends.

MARTON, *comme s'en allant*

Vous ne sauriez mieux choisir. *(Et puis revenant.)* Êtes-vous convenue du parti* que vous lui faites ? Monsieur Remy m'a chargée de vous en parler.

ARAMINTE

Cela est inutile. Il n'y aura point de dispute[1] là-dessus. Dès que c'est un honnête homme, il aura lieu d'être content. Appelez-le.

---

1. Discussion.

MARTON, *hésitant à partir*

On lui laissera ce petit appartement qui donne sur le jardin[1], n'est-ce pas ?

ARAMINTE

Oui, comme il voudra ; qu'il vienne. *(Marton va dans la coulisse.)*

Scène 7

DORANTE, ARAMINTE, MARTON

MARTON

Monsieur Dorante, Madame vous attend.

ARAMINTE

Venez, Monsieur ; je suis obligée[2] à Monsieur Remy d'avoir songé à moi. Puisqu'il me donne son neveu, je ne doute pas que ce ne soit un présent qu'il me fasse. Un de mes amis[3] me parla avant-hier d'un intendant qu'il doit m'envoyer aujourd'hui ; mais je m'en tiens à vous.

DORANTE

J'espère, Madame, que mon zèle justifiera la préférence dont vous m'honorez, et que je vous supplie de me conserver. Rien ne m'affligerait tant à présent que de la perdre.

MARTON

Madame n'a pas deux paroles.

---

1. La topographie de la maison se développe.
2. Reconnaissante.
3. Comme on l'apprendra plus loin (acte I, scène 10), il s'agit du Comte.

ARAMINTE

Non, Monsieur; c'est une affaire terminée, je renverrai tout. Vous êtes au fait des affaires apparemment; vous y avez travaillé?

DORANTE

Oui, Madame; mon père était avocat, et je pourrais l'être moi-même.

ARAMINTE

C'est-à-dire que vous êtes un homme de très bonne famille, et même au-dessus du parti que vous prenez?

DORANTE

Je ne sens rien qui m'humilie dans le parti que je prends, Madame; l'honneur de servir une dame comme vous n'est au-dessous de qui que ce soit, et je n'envierai la condition de personne.

ARAMINTE

Mes façons ne vous feront point changer de sentiment. Vous trouverez ici tous les égards que vous méritez; et si, dans les suites, il y avait occasion de vous rendre service, je ne la manquerai point.

MARTON

Voilà Madame : je la reconnais.

ARAMINTE

Il est vrai que je suis toujours fâchée de voir d'honnêtes gens sans fortune, tandis qu'une infinité de gens de rien et sans mérite en ont une éclatante. C'est une chose qui me blesse, surtout dans les personnes de son âge; car vous n'avez que trente ans tout au plus?

DORANTE

Pas tout à fait encore, Madame.

ARAMINTE

Ce qu'il y a de consolant pour vous, c'est que vous avez le temps de devenir heureux.

DORANTE

Je commence à l'être aujourd'hui, Madame.

ARAMINTE

On vous montrera l'appartement que je vous destine; s'il ne vous convient pas, il y en a d'autres, et vous choisirez. Il faut aussi quelqu'un qui vous serve et c'est à quoi je vais pourvoir. Qui lui donnerons-nous [1], Marton ?

MARTON

Il n'y a qu'à prendre Arlequin, Madame. Je le vois à l'entrée de la salle et je vais l'appeler. Arlequin, parlez à Madame.

Scène 8

ARAMINTE, DORANTE, MARTON, ARLEQUIN, UN DOMESTIQUE

ARLEQUIN

Me voilà, Madame.

ARAMINTE

Arlequin, vous êtes à présent à Monsieur; vous le servirez; je vous donne à lui.

ARLEQUIN

Comment, Madame, vous me donnez à lui ! Est-ce que je ne serai plus à moi ? Ma personne ne m'appartiendra donc plus ?

1. L'ambiguïté de *donner* (qui signifie ici attribuer comme serviteur) sera développée de façon comique au début de la scène suivante, à travers la méprise d'Arlequin, prenant le mot dans son sens premier.

MARTON

Quel benêt!

ARAMINTE

J'entends qu'au lieu de me servir, ce sera lui que tu serviras.

ARLEQUIN, *comme pleurant*

Je ne sais pas pourquoi Madame me donne mon congé : je n'ai pas mérité ce traitement; je l'ai toujours servie à faire plaisir.

ARAMINTE

Je ne te donne point ton congé, je te payerai pour être à Monsieur.

ARLEQUIN

Je représente à Madame que cela ne serait pas juste : je ne donnerai pas ma peine d'un côté, pendant que l'argent me viendra d'un autre. Il faut que vous ayez mon service, puisque j'aurai vos gages; autrement je friponnerais[1], Madame.

ARAMINTE

Je désespère de lui faire entendre raison.

MARTON

Tu es bien sot! quand je t'envoie quelque part ou que je te dis : fais telle ou telle chose, n'obéis-tu pas?

ARLEQUIN

Toujours.

MARTON

Eh bien! ce sera Monsieur qui te le dira comme moi, et ce sera à la place de Madame et par son ordre.

---

1. Je volerais.

ARLEQUIN

Ah ! c'est une autre affaire. C'est Madame qui donnera ordre à Monsieur de souffrir mon service, que je lui prêterai par le commandement de Madame.

MARTON

Voilà ce que c'est.

ARLEQUIN

Vous voyez bien que cela méritait explication.

UN DOMESTIQUE

Voici votre marchande qui vous apporte des étoffes, Madame.

ARAMINTE

Je vais les voir et je reviendrai. Monsieur, j'ai à vous parler d'une affaire ; ne vous éloignez pas.

Scène 9

DORANTE, MARTON, ARLEQUIN

ARLEQUIN

Oh çà, Monsieur, nous sommes donc l'un à l'autre, et vous avez le pas sur moi ? Je serai le valet qui sert, et vous le valet qui serez servi par ordre.

MARTON

Ce faquin [1] avec ses comparaisons ! Va-t'en.

ARLEQUIN

Un moment, avec votre permission. Monsieur, ne payerez-vous rien ? Vous a-t-on donné ordre d'être servi gratis ? *(Dorante rit.)*

---

1. Coquin, canaille.

MARTON

Allons, laisse-nous. Madame te payera ; n'est-ce pas assez ?

ARLEQUIN

Pardi, Monsieur, je ne vous coûterai donc guère ? On ne saurait avoir un valet à meilleur marché.

DORANTE

Arlequin a raison. Tiens, voilà d'avance ce que je te donne.

ARLEQUIN

Ah ! voilà une action de maître. À votre aise le reste[1].

DORANTE

Va boire à ma santé.

ARLEQUIN, *s'en allant*

Oh ! s'il ne faut que boire afin qu'elle soit bonne, tant que je vivrai, je vous la promets excellente[2]. *(À part.)* Le gracieux camarade qui m'est venu là par hasard !

Scène 10

DORANTE, MARTON, MADAME ARGANTE,
qui arrive un instant après

MARTON

Vous avez lieu d'être satisfait de l'accueil de Madame ; elle paraît faire cas de vous, et tant mieux, nous n'y per-

---

1. Arlequin signifie à Dorante qu'il pourra lui donner « le reste » (de l'argent) quand il voudra.

2. La bouteille de vin, au même titre que l'habit bariolé, le bicorne ou encore la cuillère en bois, est un attribut traditionnel du personnage d'Arlequin dans la *commedia dell'arte*. La reprise de cet élément topique, dans *Les Fausses Confidences*, est une des rares concessions de Marivaux au caractère « italien » de la pièce.

dons point. Mais voici Madame Argante; je vous avertis que c'est sa mère, et je devine à peu près ce qui l'amène.

MADAME ARGANTE, *femme brusque et vaine*

Eh bien, Marton, ma fille a un nouvel intendant que son procureur lui a donné, m'a-t-elle dit : j'en suis fâchée; cela n'est point obligeant pour Monsieur le Comte, qui lui en avait retenu un. Du moins[1] devait-elle attendre, et les voir tous deux. D'où vient* préférer celui-ci? Quelle espèce d'homme est-ce?

MARTON

C'est Monsieur, Madame.

MADAME ARGANTE

Hé! c'est Monsieur! Je ne m'en serais pas doutée; il est bien jeune.

MARTON

À trente ans, on est en âge d'être intendant de maison, Madame.

MADAME ARGANTE

C'est selon[2]. Êtes-vous arrêté[3], Monsieur?

DORANTE

Oui, Madame.

MADAME ARGANTE

Et de chez qui sortez-vous?

DORANTE

De chez moi, Madame : je n'ai encore été chez personne.

---

1. Au moins.
2. Cela dépend.
3. Engagé, retenu.

MADAME ARGANTE

De chez vous ! Vous allez donc faire ici votre apprentissage ?

MARTON

Point du tout. Monsieur entend les affaires ; il est fils d'un père extrêmement habile.

MADAME ARGANTE, *à Marton, à part*

Je n'ai pas grande opinion de cet homme-là. Est-ce là la figure d'un intendant ? Il n'en a non plus l'air…

MARTON, *à part aussi*

L'air n'y fait rien. Je vous réponds de lui ; c'est l'homme qu'il nous faut.

MADAME ARGANTE

Pourvu que Monsieur ne s'écarte pas des intentions que nous avons, il me sera indifférent que ce soit lui ou un autre.

DORANTE

Peut-on savoir ces intentions, Madame ?

MADAME ARGANTE

Connaissez-vous Monsieur le comte Dorimont ? C'est un homme d'un beau nom ; ma fille et lui allaient avoir un procès ensemble au sujet d'une terre considérable, il ne s'agissait pas moins que de savoir à qui elle resterait, et on a songé à les marier, pour empêcher qu'ils ne plaident. Ma fille est veuve d'un homme qui était fort considéré dans le monde, et qui l'a laissée fort riche. Mais Madame la comtesse Dorimont aurait un rang si élevé, irait de pair avec des personnes d'une si grande distinction, qu'il me tarde de voir ce mariage conclu ; et, je l'avoue, je serai charmée moi-même d'être la mère de Madame la comtesse Dorimont, et de plus que cela peut-être; car Monsieur le comte Dorimont est en passe d'aller à tout.

DORANTE

Les paroles sont-elles données de part et d'autre?

MADAME ARGANTE

Pas tout à fait encore, mais à peu près; ma fille n'en est pas éloignée. Elle souhaiterait seulement, dit-elle, d'être bien instruite de l'état de l'affaire et savoir si elle n'a pas meilleur droit que Monsieur le Comte, afin que, si elle l'épouse, il lui en ait plus d'obligation. Mais j'ai quelquefois peur que ce ne soit une défaite*. Ma fille n'a qu'un défaut; c'est que je ne lui trouve pas assez d'élévation. Le beau nom de Dorimont et le rang de comtesse ne la touchent pas assez; elle ne sent pas le désagrément qu'il y a de n'être qu'une bourgeoise. Elle s'endort dans cet état, malgré le bien qu'elle a.

DORANTE, *doucement*

Peut-être n'en sera-t-elle pas plus heureuse, si elle en sort.

MADAME ARGANTE, *vivement*

Il ne s'agit pas de ce que vous en pensez. Gardez votre petite réflexion roturière[1], et servez-nous, si vous voulez être de nos amis.

MARTON

C'est un petit trait de morale qui ne gâte rien à notre affaire.

MADAME ARGANTE

Morale subalterne qui me déplaît.

DORANTE

De quoi est-il question, Madame?

---

1. Sans noblesse, vulgaire.

MADAME ARGANTE

De dire à ma fille, quand vous aurez vu ses papiers, que son droit est le moins bon ; que si elle plaidait, elle perdrait.

DORANTE

Si effectivement son droit est le plus faible, je ne manquerai pas de l'en avertir, Madame.

MADAME ARGANTE, *à part, à Marton*

Hum ! quel esprit borné ! *(À Dorante.)* Vous n'y êtes point ; ce n'est pas là ce qu'on vous dit ; on vous charge de lui parler ainsi, indépendamment de son droit bien ou mal fondé.

DORANTE

Mais, Madame, il n'y aurait point de probité à la tromper.

MADAME ARGANTE

De probité ! J'en manque donc, moi ? Quel raisonnement ! C'est moi qui suis sa mère[1], et qui vous ordonne de la tromper à son avantage, entendez-vous ? c'est moi, moi.

DORANTE

Il y aura toujours de la mauvaise foi de ma part.

MADAME ARGANTE, *à part, à Marton*

C'est un ignorant que cela, qu'il faut renvoyer. Adieu, Monsieur l'homme d'affaires, qui n'avez fait celles de personne.

Elle sort.

---

1. Madame Argante est ici dans une posture d'autorité qui est typiquement celle du père dans les comédies de Molière. Voir par exemple *Le Bourgeois gentilhomme* (V, 5) : « LUCILE. Je ne veux point me marier./ MONSIEUR JOURDAIN. Je le veux, moi qui suis votre père. »

Scène 11

DORANTE, MARTON

DORANTE

Cette mère-là ne ressemble guère à sa fille.

MARTON

Oui, il y a quelque différence ; et je suis fâchée de n'avoir pas eu le temps de vous prévenir sur son humeur brusque. Elle est extrêmement entêtée de[1] ce mariage, comme vous voyez. Au surplus, que vous importe ce que vous direz à la fille, dès que la mère sera votre garant ? Vous n'aurez rien à vous reprocher, ce me semble ; ce ne sera pas là une tromperie.

DORANTE

Eh ! vous m'excuserez : ce sera toujours l'engager à prendre un parti qu'elle ne prendrait peut-être pas sans cela. Puisque l'on veut que j'aide à l'y déterminer, elle y résiste donc ?

MARTON

C'est par indolence.

DORANTE

Croyez-moi, disons la vérité.

MARTON

Oh ça, il y a une petite raison à laquelle vous devez vous rendre ; c'est que Monsieur le Comte me fait présent de mille écus[2] le jour de la signature du contrat ; et cet argent-là, suivant le projet de Monsieur Remy, vous regarde aussi bien que moi, comme vous voyez.

1. Violemment attachée à, entichée de.
2. Un écu vaut trois livres. Il s'agit d'une somme importante pour Marton, correspondant à plus d'un vingtième de la rente annuelle d'Araminte.

DORANTE

Tenez, Mademoiselle Marton, vous êtes la plus aimable fille du monde ; mais ce n'est que faute de réflexion que ces mille écus vous tentent.

MARTON

Au contraire, c'est par réflexion qu'ils me tentent : plus j'y rêve, et plus je les trouve bons.

DORANTE

Mais vous aimez votre maîtresse : et si elle n'était pas heureuse avec cet homme-là, ne vous reprocheriez-vous pas d'y avoir contribué pour une si misérable somme ?

MARTON

Ma foi, vous avez beau dire : d'ailleurs, le Comte est un honnête homme, et je n'y entends point de finesse. Voilà Madame qui revient, elle a à vous parler. Je me retire ; méditez sur cette somme, vous la goûterez aussi bien que moi. *(Elle sort.)*

DORANTE

Je ne suis plus si fâché de la tromper.

Scène 12

ARAMINTE, DORANTE

ARAMINTE

Vous avez donc vu ma mère ?

DORANTE

Oui, Madame, il n'y a qu'un moment.

ARAMINTE

Elle me l'a dit, et voudrait bien que j'en eusse pris un autre que vous.

DORANTE

Il me l'a paru.

ARAMINTE

Oui, mais ne vous embarrassez point, vous me convenez.

DORANTE

Je n'ai point d'autre ambition.

ARAMINTE

Parlons de ce que j'ai à vous dire ; mais que ceci soit secret entre nous, je vous prie.

DORANTE

Je me trahirais plutôt moi-même.

ARAMINTE

Je n'hésite point non plus à vous donner ma confiance. Voici ce que c'est : on veut me marier avec Monsieur le comte Dorimont pour éviter un grand procès que nous aurions ensemble au sujet d'une terre que je possède.

DORANTE

Je le sais, Madame, et j'ai le malheur d'avoir déplu tout à l'heure là-dessus à Madame Argante.

ARAMINTE

Eh ! d'où vient* ?

DORANTE

C'est que si, dans votre procès, vous avez le bon droit de votre côté, on souhaite que je vous dise le contraire, afin de vous engager plus vite à ce mariage ; et j'ai prié qu'on m'en dispensât.

ARAMINTE

Que ma mère est frivole ! Votre fidélité* ne me surprend point ; j'y comptais. Faites toujours de même, et ne vous choquez point de ce que ma mère vous a dit ; je la désapprouve : a-t-elle tenu quelque discours désagréable ?

DORANTE

Il n'importe, Madame, mon zèle et mon attachement en augmentent : voilà tout.

ARAMINTE

Et voilà pourquoi aussi je ne veux pas qu'on vous chagrine, et j'y mettrai bon ordre. Qu'est-ce que cela signifie ? Je me fâcherai, si cela continue. Comment donc ? vous ne seriez pas en repos ! On aura de mauvais procédés avec vous, parce que vous en avez d'estimables ; cela serait plaisant !

DORANTE

Madame, par toute la reconnaissance que je vous dois, n'y prenez point garde : je suis confus de vos bontés, et je suis trop heureux d'avoir été querellé.

ARAMINTE

Je loue vos sentiments. Revenons à ce procès dont il est question : si je n'épouse point Monsieur le Comte...

Scène 13

DORANTE, ARAMINTE, DUBOIS

DUBOIS

Madame la Marquise se porte mieux, Madame *(il feint de voir Dorante avec surprise)*, et vous est fort obligée... fort obligée de votre attention. *(Dorante feint de détourner la tête, pour se cacher de Dubois.)*

ARAMINTE

Voilà qui est bien.

DUBOIS, *regardant toujours Dorante*

Madame, on m'a chargé aussi de vous dire un mot qui presse.

ARAMINTE

De quoi s'agit-il ?

DUBOIS

Il m'est recommandé de ne vous parler qu'en particulier.

ARAMINTE, *à Dorante*

Je n'ai point achevé ce que je voulais vous dire ; laissez-moi, je vous prie, un moment, et revenez.

Scène 14

ARAMINTE, DUBOIS

ARAMINTE

Qu'est-ce que c'est donc que cet air étonné que tu as marqué, ce me semble, en voyant Dorante ? D'où vient cette attention à le regarder ?

DUBOIS

Ce n'est rien, sinon que je ne saurais plus avoir l'honneur de servir Madame, et qu'il faut que je lui demande mon congé.

ARAMINTE, *surprise*

Quoi ! seulement pour avoir vu Dorante ici ?

DUBOIS

Savez-vous à qui vous avez affaire ?

ARAMINTE

Au neveu de Monsieur Remy, mon procureur.

DUBOIS

Eh ! par quel tour d'adresse est-il connu de Madame ? comment a-t-il fait pour arriver jusqu'ici ?

ARAMINTE

C'est Monsieur Remy qui me l'a envoyé pour intendant.

DUBOIS

Lui, votre intendant ! Et c'est Monsieur Remy qui vous l'envoie : hélas ! le bon homme [1], il ne sait pas qui il vous donne ; c'est un démon que ce garçon-là.

ARAMINTE

Mais que signifient tes exclamations ? Explique-toi : est-ce que tu le connais ?

DUBOIS

Si je le connais, Madame ! si je le connais ! Ah vraiment oui ; et il me connaît bien aussi. N'avez-vous pas vu comme il se détournait de peur que je ne le visse ?

ARAMINTE

Il est vrai ; et tu me surprends à mon tour. Serait-il capable de quelque mauvaise action, que tu saches ? Est-ce que ce n'est pas un honnête homme ?

DUBOIS

Lui ! il n'y a point de plus brave homme dans toute la terre ; il a, peut-être, plus d'honneur à lui tout seul que cinquante honnêtes gens ensemble. Oh ! c'est une probité merveilleuse ; il n'a peut-être pas son pareil.

1. Expression familière et ironique.

ARAMINTE

Eh ! de quoi peut-il donc être question ? D'où vient que tu m'alarmes ? En vérité, j'en suis toute émue.

DUBOIS

Son défaut, c'est là. *(Il se touche le front.)* C'est à la tête que le mal le tient.

ARAMINTE

À la tête ?

DUBOIS

Oui, il est timbré, mais timbré comme cent.

ARAMINTE

Dorante ! il m'a paru de très bon sens. Quelle preuve as-tu de sa folie ?

DUBOIS

Quelle preuve ? Il y a six mois qu'il est tombé fou ; il y a six mois qu'il extravague d'amour [1], qu'il en a la cervelle brûlée, qu'il en est comme un perdu ; je dois* bien le savoir, car j'étais à lui, je le servais ; et c'est ce qui m'a obligé de le quitter, et c'est ce qui me force de m'en aller encore ; ôtez cela, c'est un homme incomparable.

ARAMINTE, *un peu boudant*

Oh bien ! il fera ce qu'il voudra ; mais je ne le garderai pas : on a bien affaire d'un esprit renversé ; et peut-être encore, je gage, pour quelque objet qui n'en vaut pas la peine ; car les hommes ont des fantaisies...

DUBOIS

Ah ! vous m'excuserez ; pour ce qui est de l'objet, il n'y a rien à dire. Malepeste ! sa folie est de bon goût.

1. Que l'amour lui fait perdre la raison. Tout le vocabulaire du passage exprime la même idée : « timbré », « la cervelle brûlée », « un perdu », « l'esprit renversé »...

ARAMINTE

N'importe, je veux le congédier. Est-ce que tu la connais, cette personne ?

DUBOIS

J'ai l'honneur de la voir tous les jours ; c'est vous, Madame.

ARAMINTE

Moi, dis-tu ?

DUBOIS

Il vous adore ; il y a six mois qu'il n'en vit point, qu'il donnerait sa vie pour avoir le plaisir de vous contempler un instant. Vous avez dû voir qu'il a l'air enchanté[1], quand il vous parle.

ARAMINTE

Il y a bien en effet quelque petite chose qui m'a paru extraordinaire. Eh ! juste ciel ! le pauvre garçon, de quoi s'avise-t-il ?

DUBOIS

Vous ne croiriez pas jusqu'où va sa démence ; elle le ruine, elle lui coupe la gorge. Il est bien fait, d'une figure passable, bien élevé et de bonne famille ; mais il n'est pas riche ; et vous saurez qu'il n'a tenu qu'à lui d'épouser des femmes qui l'étaient, et de fort aimables*, ma foi, qui offraient de lui faire sa fortune et qui auraient mérité qu'on la leur fît à elles-mêmes : il y en a une qui n'en saurait revenir*, et qui le poursuit encore tous les jours ; je le sais, car je l'ai rencontrée.

ARAMINTE, *avec négligence*

Actuellement ?

---

1. Envoûté, sous l'emprise d'un charme (vocabulaire précieux).

DUBOIS

Oui, Madame, actuellement, une grande brune très piquante[1], et qu'il fuit. Il n'y a pas moyen ; Monsieur refuse tout. Je les tromperais, me disait-il ; je ne puis les aimer, mon cœur est parti. Ce qu'il disait quelquefois la larme à l'œil ; car il sent bien son sort.

ARAMINTE

Cela est fâcheux ; mais où m'a-t-il vue, avant que de venir chez moi, Dubois ?

DUBOIS

Hélas ! Madame, ce fut un jour que vous sortîtes de l'Opéra[2], qu'il perdit la raison ; c'était un vendredi, je m'en ressouviens ; oui, un vendredi ; il vous vit descendre l'escalier, à ce qu'il me raconta, et vous suivit jusqu'à votre carrosse ; il avait demandé votre nom, et je le trouvai qui était comme extasié ; il ne remuait plus.

ARAMINTE

Quelle aventure !

DUBOIS

J'eus beau lui crier : Monsieur ! Point de nouvelles, il n'y avait personne au logis*. À la fin, pourtant, il revint à lui avec un air égaré ; je le jetai dans une voiture, et nous retournâmes à la maison. J'espérais que cela se passerait, car je l'aimais : c'est le meilleur maître ! Point du tout, il n'y avait plus de ressource : ce bon sens, cet esprit jovial, cette humeur charmante, vous aviez tout expédié* ; et dès le lendemain nous ne fîmes plus tous deux, lui, que rêver à vous, que vous aimer ; moi, d'épier depuis le matin jusqu'au soir où vous alliez.

---

1. Ce portrait imaginé par Dubois pour éveiller sinon la jalousie du moins la curiosité d'Araminte constitue sans doute le négatif de cette dernière, que l'on peut supposer petite, blonde et discrète…
2. Entre 1673 et 1763, l'Opéra se trouvait au Palais-Royal.

ARAMINTE

Tu m'étonnes à un point!...

DUBOIS

Je me fis même ami d'un de vos gens qui n'y est plus, un garçon fort exact, et qui m'instruisait, et à qui je payais bouteille. C'est à la Comédie[1] qu'on va, me disait-il; et je courais faire mon rapport, sur lequel, dès quatre heures[2], mon homme était à la porte. C'est chez Madame celle-ci, c'est chez Madame celle-là; et sur cet avis, nous allions toute la soirée habiter la rue, ne vous déplaise, pour voir Madame entrer et sortir, lui dans un fiacre, et moi derrière, tous deux morfondus et gelés; car c'était dans l'hiver; lui, ne s'en souciant guère; moi, jurant par-ci par-là pour me soulager.

ARAMINTE

Est-il possible?

DUBOIS

Oui, Madame. À la fin, ce train de vie m'ennuya; ma santé s'altérait, la sienne aussi. Je lui fis accroire que vous étiez à la campagne, il le crut, et j'eus quelque repos. Mais n'alla-t-il pas, deux jours après, vous rencontrer aux Tuileries, où il avait été s'attrister de votre absence. Au retour il était furieux, il voulut me battre, tout bon qu'il est; moi, je ne le voulus point, et je le quittai. Mon bonheur ensuite m'a mis chez Madame, où, à force de se démener, je le trouve parvenu à votre intendance, ce qu'il ne troquerait pas contre la place de l'empereur.

1. Il s'agit de la Comédie-Française, qui se trouvait alors rue des Fossés-Saint-Germain (actuellement rue de l'Ancienne-Comédie), dans une salle qu'elle occupa entre 1689 et 1782.
2. Les représentations avaient lieu l'après-midi et commençaient à 17h15 (réglementation des spectacles de 1726).

ARAMINTE

Y a-t-il rien de si particulier ? Je suis si lasse d'avoir des gens qui me trompent, que je me réjouissais de l'avoir, parce qu'il a de la probité ; ce n'est pas que je sois fâchée, car je suis bien au-dessus de cela.

DUBOIS

Il y aura de la bonté à le renvoyer. Plus il voit Madame, plus il s'achève[1].

ARAMINTE

Vraiment, je le renverrais bien ; mais ce n'est pas là ce qui le guérira. D'ailleurs, je ne sais que dire à Monsieur Remy, qui me l'a recommandé, et ceci m'embarrasse. Je ne vois pas trop comment m'en défaire, honnêtement*.

DUBOIS

Oui, mais vous ferez un incurable, Madame.

ARAMINTE, *vivement*

Oh ! tant pis pour lui. Je suis dans des circonstances où je ne saurais me passer d'un intendant ; et puis, il n'y a pas tant de risque que tu le crois : au contraire, s'il y avait quelque chose qui pût ramener cet homme[2], c'est l'habitude de me voir plus qu'il n'a fait, ce serait même un service à lui rendre.

DUBOIS

Oui ; c'est un remède bien innocent. Premièrement, il ne vous dira mot ; jamais vous n'entendrez parler de son amour.

ARAMINTE

En es-tu bien sûr ?

---

1. Il se tue.
2. Ramener cet homme à la raison.

DUBOIS

Oh ! il ne faut pas en avoir peur ; il mourrait plutôt. Il a un respect, une adoration, une humilité pour vous, qui n'est pas concevable. Est-ce que vous croyez qu'il songe à être aimé ? Nullement. Il dit que dans l'univers il n'y a personne qui le mérite ; il ne veut que vous voir, vous considérer, regarder vos yeux, vos grâces, votre belle taille ; et puis c'est tout : il me l'a dit mille fois.

ARAMINTE, *haussant les épaules*

Voilà qui est bien digne de compassion ! Allons, je patienterai quelques jours, en attendant que j'en aie un autre[1] ; au surplus, ne crains rien, je suis contente de toi ; je récompenserai ton zèle, et je ne veux pas que tu me quittes, entends-tu, Dubois.

DUBOIS

Madame, je vous suis dévoué pour la vie.

ARAMINTE

J'aurai soin de toi ; surtout qu'il ne sache pas que je suis instruite ; garde un profond secret ; et que tout le monde, jusqu'à Marton, ignore ce que tu m'as dit ; ce sont de ces choses qui ne doivent jamais percer[2].

DUBOIS

Je n'en ai jamais parlé qu'à Madame.

ARAMINTE

Le voici qui revient ; va-t'en.

---

1. Que j'aie un autre intendant.
2. Qui ne doivent jamais être découvertes.

Scène 15

DORANTE, ARAMINTE

ARAMINTE, *un moment seule*

La vérité est que voici une confidence[1] dont je me serais bien passée moi-même.

DORANTE

Madame, je me rends à vos ordres.

ARAMINTE

Oui, Monsieur ; de quoi vous parlais-je ? Je l'ai oublié.

DORANTE

D'un procès avec Monsieur le comte Dorimont.

ARAMINTE

Je me remets* ; je vous disais qu'on veut nous marier.

DORANTE

Oui, Madame, et vous alliez, je crois, ajouter que vous n'étiez pas portée à ce mariage.

ARAMINTE

Il est vrai. J'avais envie de vous charger d'examiner l'affaire, afin de savoir si je ne risquerais rien à plaider ; mais je crois devoir vous dispenser de ce travail ; je ne suis pas sûre de pouvoir vous garder.

DORANTE

Ah ! Madame, vous avez eu la bonté de me rassurer là-dessus.

---

1. Ce singulier renvoie au titre sous lequel fut créée la pièce en 1737 : *La Fausse Confidence.*

ARAMINTE

Oui ; mais je ne faisais pas réflexion que j'ai promis à Monsieur le Comte de prendre un intendant de sa main ; vous voyez bien qu'il ne serait pas honnête* de lui manquer de parole ; et du moins faut-il que je parle à celui qu'il m'amènera.

DORANTE

Je ne suis pas heureux* ; rien ne me réussit, et j'aurai la douleur d'être renvoyé.

ARAMINTE, *par faiblesse*

Je ne dis pas cela ; il n'y a rien de résolu là-dessus.

DORANTE

Ne me laissez point dans l'incertitude où je suis, Madame.

ARAMINTE

Eh ! mais, oui, je tâcherai que vous restiez ; je tâcherai.

DORANTE

Vous m'ordonnez donc de vous rendre compte de l'affaire en question ?

ARAMINTE

Attendons ; si j'allais épouser le Comte, vous auriez pris une peine inutile

DORANTE

Je croyais avoir entendu dire à Madame qu'elle n'avait point de penchant pour lui.

ARAMINTE

Pas encore.

DORANTE

Et d'ailleurs, votre situation[1] est si tranquille et si douce.

ARAMINTE, *à part*

Je n'ai pas le courage de l'affliger!… Eh bien, oui-da[2]; examinez toujours, examinez. J'ai des papiers dans mon cabinet[3], je vais les chercher. Vous viendrez les prendre, et je vous les donnerai. *(En s'en allant.)* Je n'oserais presque le regarder.

Scène 16

DORANTE, DUBOIS, *venant d'un air mystérieux et comme passant*

DUBOIS

Marton vous cherche pour vous montrer l'appartement qu'on vous destine[4]. Arlequin est allé boire. J'ai dit que j'allais vous avertir. Comment vous traite-t-on?

DORANTE

Qu'elle est aimable! Je suis enchanté! De quelle façon a-t-elle reçu ce que tu lui as dit?

DUBOIS, *comme en fuyant*

Elle opine[5] tout doucement à vous garder par compassion : elle espère vous guérir par l'habitude de la voir.

---

1. Araminte est veuve. Sur la figure sociale et littéraire de la veuve sous l'Ancien Régime, voir le dossier.
2. Oui (forme archaïque et renforcée).
3. Le bureau particulier d'Araminte. Nouvelle indication sur la topographie intérieure de la maison.
4. Cf. « ce petit appartement qui donne sur le jardin » (acte I, scène 6), voir note 1, p. 34.
5. Elle consent.

DORANTE, *charmé*

Sincèrement ?

DUBOIS

Elle n'en réchappera point ; c'est autant de pris*. Je m'en retourne.

DORANTE

Reste, au contraire ; je crois que voici Marton. Dis-lui que Madame m'attend pour me remettre des papiers, et que j'irai la trouver dès que je les aurai.

DUBOIS

Partez ; aussi bien ai-je un petit avis à donner à Marton. Il est bon de jeter dans tous les esprits les soupçons dont nous avons besoin.

Scène 17

DUBOIS, MARTON

MARTON

Où est donc Dorante ? il me semble l'avoir vu avec toi.

DUBOIS, *brusquement*

Il dit que Madame l'attend pour des papiers, il reviendra ensuite. Au reste, qu'est-il nécessaire qu'il voie cet appartement ? S'il n'en voulait pas, il serait bien délicat : pardi, je lui conseillerais…

MARTON

Ce ne sont pas là tes affaires : je suis les ordres de Madame.

DUBOIS

Madame est bonne et sage ; mais prenez garde, ne trouvez-vous pas que ce petit galant-là fait les yeux doux ?

MARTON

Il les fait comme il les a.

DUBOIS

Je me trompe fort, si je n'ai pas vu la mine de ce freluquet[1] considérer, je ne sais où, celle de Madame.

MARTON

Eh bien, est-ce qu'on te fâche quand on la trouve belle ?

DUBOIS

Non. Mais je me figure quelquefois qu'il n'est venu ici que pour la voir de plus près.

MARTON, *riant*

Ah ! ah ! quelle idée ! Va, tu n'y entends rien ; tu t'y connais mal.

DUBOIS, *riant*

Ah ! ah ! je suis donc bien sot.

MARTON, *riant en s'en allant*

Ah ! ah ! l'original avec ses observations !

DUBOIS, *seul*

Allez, allez, prenez toujours. J'aurai soin de vous les faire trouver meilleures. Allons faire jouer toutes nos batteries.

---

1. « Homme léger, frivole, sans mérite » (Littré).

ACTE II

Scène première

ARAMINTE, DORANTE

DORANTE

Non, Madame, vous ne risquez rien ; vous pouvez plaider en toute sûreté. J'ai même consulté plusieurs personnes, l'affaire est excellente ; et si vous n'avez que le motif dont vous parlez pour épouser Monsieur le Comte, rien ne vous oblige à ce mariage.

ARAMINTE

Je l'affligerai beaucoup, et j'ai de la peine à m'y résoudre.

DORANTE

Il ne serait pas juste de vous sacrifier à la crainte de l'affliger.

ARAMINTE

Mais avez-vous bien examiné ? Vous me disiez tantôt que mon état[1] était doux et tranquille ; n'aimeriez-vous pas mieux que j'y restasse ? N'êtes-vous pas un peu trop prévenu contre le mariage, et par conséquent contre Monsieur le Comte ?

---

1. Ma situation (de veuve).

DORANTE

Madame, j'aime mieux vos intérêts que les siens, et que ceux de qui que ce soit au monde.

ARAMINTE

Je ne saurais y trouver à redire. En tout cas, si je l'épouse, et qu'il veuille en mettre un autre ici à votre place, vous n'y perdrez point ; je vous promets de vous en trouver une meilleure.

DORANTE, *tristement*

Non, Madame, si j'ai le malheur de perdre celle-ci, je ne serai* plus à personne ; et apparemment que je la perdrai ; je m'y attends.

ARAMINTE

Je crois pourtant que je plaiderai : nous verrons.

DORANTE

J'avais encore une petite chose à vous dire, Madame. Je viens d'apprendre que le concierge d'une de vos terres est mort : on pourrait y mettre un de vos gens ; et j'ai songé à Dubois, que je remplacerai ici par un domestique dont je réponds.

ARAMINTE

Non, envoyez plutôt votre homme au château, et laissez-moi Dubois : c'est un garçon de confiance, qui me sert bien et que je veux garder. À propos, il m'a dit, ce me semble, qu'il avait été à vous quelque temps ?

DORANTE, *feignant un peu d'embarras*

Il est vrai, Madame ; il est fidèle, mais peu exact. Rarement, au reste, ces gens-là parlent-ils bien de ceux qu'ils ont servis. Ne me nuirait-il point dans votre esprit ?

ARAMINTE, *négligemment*

Celui-ci dit beaucoup de bien de vous, et voilà tout. Que me veut Monsieur Remy ?

Scène 2

ARAMINTE, DORANTE, MONSIEUR REMY

MONSIEUR REMY

Madame, je suis votre très humble serviteur. Je viens vous remercier de la bonté que vous avez eue de prendre mon neveu à ma recommandation.

ARAMINTE

Je n'ai pas hésité, comme vous l'avez vu.

MONSIEUR REMY

Je vous rends mille grâces. Ne m'aviez-vous pas dit qu'on vous en offrait un autre ?

ARAMINTE

Oui, Monsieur.

MONSIEUR REMY

Tant mieux ; car je viens vous demander celui-ci pour une affaire d'importance.

DORANTE, *d'un air de refus*

Et d'où vient*, Monsieur ?

MONSIEUR REMY

Patience !

ARAMINTE

Mais, Monsieur Remy, ceci est un peu vif ; vous prenez assez mal votre temps, et j'ai refusé l'autre personne.

DORANTE

Pour moi, je ne sortirai jamais de chez Madame, qu'elle ne me congédie.

MONSIEUR REMY, *brusquement*

Vous ne savez ce que vous dites. Il faut pourtant sortir ; vous allez voir. Tenez, Madame, jugez-en vous-même ; voici de quoi il est question : c'est une dame de trente-cinq ans, qu'on dit jolie femme[1], estimable, et de quelque distinction* ; qui ne déclare pas son nom ; qui dit que j'ai été son procureur ; qui a quinze mille livres de rente[2] pour le moins, ce qu'elle prouvera ; qui a vu Monsieur chez moi, qui lui a parlé, qui sait qu'il n'a pas de bien, et qui offre de l'épouser sans délai. Et la personne qui est venue chez moi de sa part doit revenir tantôt pour savoir la réponse, et vous mener tout de suite chez elle. Cela est-il net ? Y a-t-il à consulter là-dessus ? Dans deux heures il faut être au logis. Ai-je tort, Madame ?

ARAMINTE, *froidement*

C'est à lui à répondre.

MONSIEUR REMY

Eh bien ! à quoi pense-t-il donc ? Viendrez-vous ?

DORANTE

Non, Monsieur, je ne suis pas dans cette disposition-là.

MONSIEUR REMY

Hum ! Quoi ? Entendez-vous ce que je vous dis, qu'elle a quinze mille livres de rente ? entendez-vous ?

DORANTE

Oui, Monsieur ; mais en eût-elle vingt fois davantage, je ne l'épouserais pas ; nous ne serions heureux ni l'un ni l'autre : j'ai le cœur pris ; j'aime ailleurs.

---

1. S'agit-il de la « grande brune très piquante » qui poursuit Dorante et dont parlait déjà Dubois à la scène 14 (acte I) pour éveiller la jalousie d'Araminte ?

2. Cette rente annuelle est loin d'être négligeable, mais elle ne correspond qu'au quart environ de celle d'Araminte (voir note 3, p. 26) : les chiffres sont importants et disent crûment combien Dubois est plus ambitieux pour Dorante que ne l'est Monsieur Remy.

MONSIEUR REMY, *d'un ton railleur, et traînant ses mots*

J'ai le cœur pris : voilà qui est fâcheux ! Ah, ah, le cœur est admirable ! Je n'aurais jamais deviné la beauté des scrupules de ce cœur-là, qui veut qu'on reste intendant de la maison d'autrui pendant qu'on peut l'être de la sienne ! Est-ce là votre dernier mot, berger fidèle [1] ?

DORANTE

Je ne saurais changer de sentiment, Monsieur.

MONSIEUR REMY

Oh ! le sot cœur, mon neveu ; vous êtes un imbécile, un insensé ; et je tiens celle que vous aimez pour une guenon, si elle n'est pas de mon sentiment, n'est-il pas vrai, Madame, et ne le trouvez-vous pas extravagant ?

ARAMINTE, *doucement*

Ne le querellez point. Il paraît avoir tort ; j'en conviens.

MONSIEUR REMY, *vivement*

Comment, Madame ! il pourrait…

ARAMINTE

Dans sa façon de penser je l'excuse. Voyez pourtant, Dorante, tâchez de vaincre votre penchant, si vous le pouvez. Je sais bien que cela est difficile.

DORANTE

Il n'y a pas moyen, Madame, mon amour m'est plus cher que ma vie.

MONSIEUR REMY, *d'un air étonné*

Ceux qui aiment les beaux sentiments doivent être contents ; en voilà un des plus curieux qui se fassent. Vous trouvez donc cela raisonnable, Madame ?

---

1. Allusion ironique au héros et au titre d'une tragédie pastorale de Guarini, *Le Berger fidèle* (*Il Pastor fido*, 1590), adaptée et jouée à Paris en 1726.

ARAMINTE

Je vous laisse, parlez-lui vous-même. *(À part.)* Il me touche tant, qu'il faut que je m'en aille. *(Elle sort.)*

DORANTE, *à part*

Il ne croit pas si bien me servir.

Scène 3

DORANTE, MONSIEUR REMY, MARTON

MONSIEUR REMY, *regardant son neveu*

Dorante, sais-tu bien qu'il n'y a pas de fou aux Petites-Maisons[1] de ta force ? *(Marton arrive.)* Venez, Mademoiselle Marton.

MARTON

Je viens d'apprendre que vous étiez ici.

MONSIEUR REMY

Dites-nous un peu votre sentiment ; que pensez-vous de quelqu'un qui n'a point de bien, et qui refuse d'épouser une honnête et fort jolie femme, avec quinze mille livres de rente bien venants* ?

MARTON

Votre question est bien aisée à décider. Ce quelqu'un rêve.

MONSIEUR REMY, *montrant Dorante*

Voilà le rêveur ; et pour excuse, il allègue son cœur que vous avez pris ; mais comme apparemment il n'a pas encore emporté le vôtre, et que je vous crois encore à peu

1. Hospice où l'on internait les aliénés, composé de petites maisons édifiées sur l'emplacement de l'ancienne maladrerie de Saint-Germain-des-Prés.

près dans tout votre bon sens, vu le peu de temps qu'il y a que vous le connaissez, je vous prie de m'aider à le rendre plus sage. Assurément vous êtes fort jolie, mais vous ne le disputerez point à un pareil établissement* ; il n'y a point de beaux yeux qui vaillent ce prix-là.

MARTON

Quoi ! Monsieur Remy, c'est de Dorante que vous parlez ? C'est pour se garder à moi qu'il refuse d'être riche ?

MONSIEUR REMY

Tout juste, et vous êtes trop généreuse pour le souffrir.

MARTON, *avec un air de passion*

Vous vous trompez, Monsieur, je l'aime trop moi-même pour l'en empêcher, et je suis enchantée : oh ! Dorante, que je vous estime ! Je n'aurais pas cru que vous m'aimassiez tant.

MONSIEUR REMY

Courage ! je ne fais que vous le montrer, et vous en êtes déjà coiffée[1] ! Pardi, le cœur d'une femme est bien étonnant ! le feu y prend bien vite.

MARTON, *comme chagrine*

Eh ! Monsieur, faut-il tant de bien pour être heureux ? Madame, qui a de la bonté pour moi, suppléera en partie par sa générosité à ce qu'il me sacrifie. Que je vous ai d'obligation, Dorante !

DORANTE

Oh ! non, Mademoiselle, aucune ; vous n'avez point de gré à me savoir de ce que je fais ; je me livre à mes sentiments, et ne regarde que moi là-dedans. Vous ne me devez rien ; je ne pense pas à votre reconnaissance.

1. Entichée.

MARTON

Vous me charmez : que de délicatesse ! Il n'y a encore rien de si tendre que ce que vous me dites.

MONSIEUR REMY

Par ma foi, je ne m'y connais donc guère ; car je le trouve bien plat. *(À Marton.)* Adieu, la belle enfant ; je ne vous aurais, ma foi, pas évaluée ce qu'il vous achète. Serviteur, idiot, garde ta tendresse, et moi ma succession.

Il sort.

MARTON

Il est en colère, mais nous l'apaiserons.

DORANTE

Je l'espère. Quelqu'un vient.

MARTON

C'est le Comte, celui dont je vous ai parlé, et qui doit épouser Madame.

DORANTE

Je vous laisse donc ; il pourrait me parler de son procès : vous savez ce que je vous ai dit là-dessus, et il est inutile que je le voie.

Scène 4

LE COMTE, MARTON

LE COMTE

Bonjour, Marton.

MARTON

Vous voilà donc revenu, Monsieur ?

LE COMTE

Oui. On m'a dit qu'Araminte se promenait dans le jardin, et je viens d'apprendre de sa mère une chose qui me chagrine : je lui avais retenu un intendant, qui devait aujourd'hui entrer chez elle, et cependant elle en a pris un autre, qui ne plaît point à la mère, et dont nous n'avons rien à espérer.

MARTON

Nous n'en devons rien craindre non plus, Monsieur. Allez, ne vous inquiétez point, c'est un galant homme; et si la mère n'en est pas contente, c'est un peu de sa faute; elle a débuté tantôt par le brusquer d'une manière si outrée, l'a traité si mal, qu'il n'est pas étonnant qu'elle ne l'ait point gagné. Imaginez-vous qu'elle l'a querellé de ce qu'il est bien fait.

LE COMTE

Ne serait-ce point lui que je viens de voir sortir d'avec vous?

MARTON

Lui-même.

LE COMTE

Il a bonne mine, en effet, et n'a pas trop l'air de ce qu'il est.

MARTON

Pardonnez-moi, Monsieur; car il est honnête homme.

LE COMTE

N'y aurait-il pas moyen de raccommoder cela? Araminte ne me hait pas, je pense, mais elle est lente à se déterminer; et pour achever de la résoudre[1], il ne s'agirait plus que de lui dire que le sujet de notre discussion

1. Décider.

est douteux pour elle. Elle ne voudra pas soutenir l'embarras d'un procès. Parlons à cet intendant ; s'il ne faut que de l'argent pour le mettre dans nos intérêts, je ne l'épargnerai pas.

MARTON

Oh ! non, ce n'est point un homme à mener par là ; c'est le garçon de France le plus désintéressé.

LE COMTE

Tant pis ! ces gens-là ne sont bons à rien.

MARTON

Laissez-moi faire.

Scène 5

LE COMTE, ARLEQUIN, MARTON

ARLEQUIN

Mademoiselle, voilà un homme qui en demande un autre ; savez-vous qui c'est ?

MARTON, *brusquement*

Et qui est cet autre ? À quel homme en veut-il ?

ARLEQUIN

Ma foi, je n'en sais rien ; c'est de quoi je m'informe à vous.

MARTON

Fais-le entrer.

ARLEQUIN, *le faisant sortir des coulisses*

Hé ! le garçon : venez ici dire votre affaire.

Scène 6

LE COMTE, MARTON, LE GARÇON

MARTON

Qui cherchez-vous ?

LE GARÇON

Mademoiselle, je cherche un certain Monsieur à qui j'ai à rendre un portrait avec une boîte qu'il nous a fait faire. Il nous a dit qu'on ne la remît qu'à lui-même, et qu'il viendrait la prendre ; mais comme mon père est obligé de partir demain pour un petit voyage, il m'a envoyé pour la lui rendre, et on m'a dit que je saurais de ses nouvelles ici. Je le connais de vue, mais je ne sais pas son nom.

MARTON

N'est-ce pas vous, Monsieur le Comte ?

LE COMTE

Non, sûrement.

LE GARÇON

Je n'ai point affaire à Monsieur, Mademoiselle ; c'est une autre personne.

MARTON

Et chez qui vous a-t-on dit que vous le trouveriez ?

LE GARÇON

Chez un procureur qui s'appelle Monsieur Remy.

LE COMTE

Ah ! n'est-ce pas le procureur de Madame ? montrez-nous la boîte.

LE GARÇON

Monsieur, cela m'est défendu; je n'ai ordre de la donner qu'à celui à qui elle est : le portrait de la dame est dedans.

LE COMTE

Le portrait d'une dame? Qu'est-ce que cela signifie? Serait-ce celui d'Araminte? Je vais tout à l'heure* savoir ce qu'il en est.

Scène 7

MARTON, LE GARÇON

MARTON

Vous avez mal fait de parler de ce portrait devant lui. Je sais qui vous cherchez; c'est le neveu de Monsieur Remy, de chez qui vous venez.

LE GARÇON

Je le crois aussi, Mademoiselle.

MARTON

Un grand homme[1] qui s'appelle Monsieur Dorante.

LE GARÇON

Il me semble que c'est son nom.

MARTON

Il me l'a dit; je suis dans sa confidence. Avez-vous remarqué le portrait?

---

1. Cette indication se rapportant à la taille de Dorante permet d'esquisser la silhouette de ce dernier et confirme les informations données par Dubois (acte I, scène 2).

LE GARÇON

Non, je n'ai pas pris garde à qui il ressemble.

MARTON

Eh bien, c'est de moi dont il s'agit. Monsieur Dorante n'est pas ici, et ne reviendra pas sitôt. Vous n'avez qu'à me remettre la boîte ; vous le pouvez en toute sûreté ; vous lui ferez même plaisir. Vous voyez que je suis au fait.

LE GARÇON

C'est ce qui me paraît. La voilà, Mademoiselle. Ayez donc, je vous prie, le soin de la lui rendre quand il sera venu.

MARTON

Oh ! je n'y manquerai pas.

LE GARÇON

Il y a encore une bagatelle qu'il doit dessus, mais je tâcherai de repasser tantôt, et s'il n'y était pas, vous auriez la bonté d'achever de payer.

MARTON

Sans difficulté. Allez. *(À part.)* Voici Dorante. *(Au Garçon.)* Retirez-vous vite.

Scène 8

MARTON, DORANTE

MARTON, *un moment seule et joyeuse*

Ce ne peut être que mon portrait. Le charmant homme ! Monsieur Remy avait raison de dire qu'il y avait quelque temps qu'il me connaissait.

DORANTE

Mademoiselle, n'avez-vous pas vu ici quelqu'un qui vient d'arriver? Arlequin croit que c'est moi qu'il demande.

MARTON, *le regardant avec tendresse*

Que vous êtes aimable*, Dorante! je serais bien injuste de ne pas vous aimer. Allez, soyez en repos; l'ouvrier est venu, je lui ai parlé, j'ai la boîte, je la tiens.

DORANTE

J'ignore...

MARTON

Point de mystère; je la tiens, vous dis-je, et je ne m'en fâche pas. Je vous la rendrai quand je l'aurai vue. Retirez-vous, voici Madame avec sa mère et le Comte; c'est peut-être de cela qu'ils s'entretiennent. Laissez-moi les calmer là-dessus, et ne les attendez pas.

DORANTE, *en s'en allant, et riant*

Tout a réussi, elle prend le change[1] à merveille!

Scène 9

ARAMINTE, LE COMTE, MADAME ARGANTE, MARTON

ARAMINTE

Marton, qu'est-ce que c'est qu'un portrait dont Monsieur le Comte me parle, qu'on vient d'apporter ici à quelqu'un qu'on ne nomme pas, et qu'on soupçonne être le mien? Instruisez-moi de cette histoire-là.

---

1. Elle se laisse entraîner sur une fausse piste; elle se laisse fourvoyer (vocabulaire de la vénerie).

MARTON, *d'un air rêveur*

Ce n'est rien, Madame ; je vous dirai ce que c'est : je l'ai démêlé après que Monsieur le Comte est parti ; il n'a que faire de s'alarmer. Il n'y a rien là qui vous intéresse.

LE COMTE

Comment le savez-vous, Mademoiselle ? vous n'avez point vu le portrait.

MARTON

N'importe, c'est tout comme si je l'avais vu. Je sais qui il regarde ; n'en soyez point en peine.

LE COMTE

Ce qu'il y a de certain, c'est un portrait de femme, et c'est ici qu'on vient chercher la personne qui l'a fait faire, à qui on doit le rendre, et ce n'est pas moi.

MARTON

D'accord. Mais quand je vous dis que Madame n'y est pour rien, ni vous non plus.

ARAMINTE

Eh bien ! si vous êtes instruite, dites-nous donc de quoi il est question ; car je veux le savoir. On a des idées qui ne me plaisent point. Parlez.

MADAME ARGANTE

Oui ; ceci a un air de mystère qui est désagréable. Il ne faut pourtant pas vous fâcher, ma fille. Monsieur le Comte vous aime, et un peu de jalousie, même injuste, ne messied pas à un amant [1].

1. N'est pas inconvenant de la part d'un amant. *Messeoir* signifie « ne pas convenir ». Cette formule archaïsante, dans la bouche de Madame Argante, dit bien qu'il y a quelque chose de moliéresque dans le personnage (qui n'est pas sans ressemblance avec Madame Pernelle dans *Le Tartuffe*, par exemple).

LE COMTE

Je ne suis jaloux que de l'inconnu qui ose se donner le plaisir d'avoir le portrait de Madame.

ARAMINTE, *vivement*

Comme il vous plaira, Monsieur; mais j'ai entendu ce que vous vouliez dire, et je crains un peu ce caractère d'esprit-là. Eh bien, Marton?

MARTON

Eh bien, Madame, voilà bien du bruit! c'est mon portrait.

LE COMTE

Votre portrait?

MARTON

Oui, le mien. Eh! pourquoi non, s'il vous plaît? il ne faut pas tant se récrier.

MADAME ARGANTE

Je suis assez comme Monsieur le Comte; la chose me paraît singulière.

MARTON

Ma foi, Madame, sans vanité, on en peint tous les jours, et des plus huppées, qui ne me valent pas.

ARAMINTE

Et qui est-ce qui a fait cette dépense-là pour vous?

MARTON

Un très aimable homme qui m'aime, qui a de la délicatesse et des sentiments*, et qui me recherche[1]; et puisqu'il faut vous le nommer, c'est Dorante.

ARAMINTE

Mon intendant?

1. En mariage.

MARTON

Lui-même.

MADAME ARGANTE

Le fat*, avec ses sentiments !

ARAMINTE, *brusquement*

Eh ! vous nous trompez ; depuis qu'il est ici, a-t-il eu le temps de vous faire peindre ?

MARTON

Mais ce n'est pas d'aujourd'hui qu'il me connaît.

ARAMINTE, *vivement*

Donnez donc.

MARTON

Je n'ai pas encore ouvert la boîte, mais c'est moi que vous y allez voir.

Araminte l'ouvre, tous regardent.

LE COMTE

Eh ! je m'en doutais bien ; c'est Madame.

MARTON

Madame !... Il est vrai, et me voilà bien loin de mon compte[1] ! *(À part.)* Dubois avait raison tantôt.

ARAMINTE, *à part*

Et moi, je vois clair. *(À Marton.)* Par quel hasard avez-vous cru que c'était vous ?

MARTON

Ma foi, Madame, toute autre que moi s'y serait trompée. Monsieur Remy me dit que son neveu m'aime, qu'il veut nous marier ensemble ; Dorante est présent, et ne

1. De ce que j'escomptais, de ce que j'attendais.

dit point non ; il refuse devant moi un très riche parti ; l'oncle s'en prend à moi, me dit que j'en suis cause. Ensuite vient un homme qui apporte ce portrait, qui vient chercher ici celui à qui il appartient ; je l'interroge : à tout ce qu'il répond, je reconnais Dorante. C'est un petit portrait de femme, Dorante m'aime jusqu'à refuser sa fortune pour moi. Je conclus donc que c'est moi qu'il a fait peindre. Ai-je eu tort ? J'ai pourtant mal conclu. J'y renonce ; tant d'honneur ne m'appartient point. Je crois voir toute l'étendue de ma méprise, et je me tais.

ARAMINTE

Ah ! ce n'est pas là une chose bien difficile à deviner. Vous faites le fâché, l'étonné, Monsieur le Comte ; il y a eu quelque malentendu dans les mesures que vous avez prises ; mais vous ne m'abusez point ; c'est à vous qu'on apportait le portrait. Un homme dont on ne sait pas le nom, qu'on vient chercher ici, c'est vous, Monsieur, c'est vous.

MARTON, *d'un air sérieux*

Je ne crois pas.

MADAME ARGANTE

Oui, oui, c'est Monsieur : à quoi bon vous en défendre ? Dans les termes où vous en êtes avec ma fille, ce n'est pas là un si grand crime ; allons, convenez-en.

LE COMTE, *froidement*

Non, Madame, ce n'est point moi, sur mon honneur, je ne connais pas ce Monsieur Remy : comment aurait-on dit chez lui qu'on aurait de mes nouvelles ici ? Cela ne se peut pas.

MADAME ARGANTE, *d'un air pensif*

Je ne faisais pas attention à cette circonstance.

ARAMINTE

Bon ! qu'est-ce qu'une circonstance de plus ou de moins ? Je n'en rabats rien[1]. Quoi qu'il en soit, je le garde, personne ne l'aura. Mais quel bruit entendons-nous ? Voyez ce que c'est, Marton.

Scène 10

ARAMINTE, LE COMTE, MADAME ARGANTE, MARTON, DUBOIS, ARLEQUIN

ARLEQUIN, *en entrant*

Tu es un plaisant magot* !

MARTON

À qui en avez-vous donc ? vous autres ?

DUBOIS

Si je disais un mot, ton maître sortirait bien vite.

ARLEQUIN

Toi ? nous nous soucions de toi et de toute ta race de canaille comme de cela.

DUBOIS

Comme je te bâtonnerais, sans le respect de Madame !

ARLEQUIN

Arrive, arrive : la voilà, Madame.

ARAMINTE

Quel sujet avez-vous donc de quereller ? De quoi s'agit-il ?

1. Je ne change pas d'avis.

MADAME ARGANTE

Approchez, Dubois. Apprenez-nous ce que c'est que ce mot que vous diriez contre Dorante ; il serait bon de savoir ce que c'est.

ARLEQUIN

Prononce donc ce mot.

ARAMINTE

Tais-toi, laisse-le parler.

DUBOIS

Il y a une heure qu'il me dit mille invectives, Madame.

ARLEQUIN

Je soutiens les intérêts de mon maître, je tire des gages pour cela, et je ne souffrirai point qu'un ostrogoth[1] menace mon maître d'un mot ; j'en demande justice à Madame.

MADAME ARGANTE

Mais, encore une fois, sachons ce que veut dire Dubois par ce mot : c'est le plus pressé.

ARLEQUIN

Je le défie d'en dire seulement une lettre.

DUBOIS

C'est par pure colère que j'ai fait cette menace, Madame ; et voici la cause de la dispute. En arrangeant l'appartement de Monsieur Dorante, j'ai vu par hasard un tableau où Madame est peinte, et j'ai cru qu'il fallait l'ôter, qu'il n'avait que faire là, qu'il n'était point décent qu'il y restât ; de sorte que j'ai été pour le détacher ; ce

---

1. Qui « ignore les usages, les bienséances, la politesse, la correction » (Littré). À l'origine, barbare appartenant à une peuplade germanique des bords du Danube.

butor[1] est venu pour m'en empêcher, et peu s'en est fallu que nous ne nous soyons battus.

ARLEQUIN

Sans doute, de quoi t'avises-tu d'ôter ce tableau qui est tout à fait gracieux, que mon maître considérait il n'y avait qu'un moment avec toute la satisfaction possible ? Car je l'avais vu qui l'avait contemplé de tout son cœur, et il prend fantaisie à ce brutal de le priver d'une peinture qui réjouit cet honnête homme. Voyez la malice* ! Ôte-lui quelque autre meuble, s'il en a trop, mais laisse-lui cette pièce, animal.

DUBOIS

Et moi, je te dis qu'on ne la laissera point, que je la détacherai moi-même, que tu en auras le démenti, et que Madame le voudra ainsi.

ARAMINTE

Eh ! que m'importe ? Il était bien nécessaire de faire ce bruit-là pour un vieux tableau qu'on a mis là par hasard, et qui y est resté. Laissez-nous. Cela vaut-il la peine qu'on en parle ?

MADAME ARGANTE, *d'un ton aigre*

Vous m'excuserez, ma fille ; ce n'est point là sa place, et il n'y a qu'à l'ôter ; votre intendant se passera bien de ses contemplations.

ARAMINTE, *souriant d'un air railleur*

Oh ! vous avez raison. Je ne pense pas qu'il les regrette. *(À Arlequin et à Dubois.)* Retirez-vous tous deux.

---

1. Grossier personnage. Terme qui compose avec « ostrogoth », plus haut, et « brutal », « animal » dans la réplique suivante un lexique pittoresque de l'injure dans toute cette scène.

Scène 11

ARAMINTE, LE COMTE,
MADAME ARGANTE, MARTON

LE COMTE, *d'un ton railleur*

Ce qui est de sûr, c'est que cet homme d'affaires-là est de bon goût.

ARAMINTE, *ironiquement*

Oui, la réflexion est juste. Effectivement, il est fort extraordinaire qu'il ait jeté les yeux sur ce tableau.

MADAME ARGANTE

Cet homme-là ne m'a jamais plu un instant, ma fille ; vous le savez, j'ai le coup d'œil assez bon, et je ne l'aime point. Croyez-moi, vous avez entendu la menace que Dubois a faite en parlant de lui, j'y reviens encore, il faut qu'il ait quelque chose à en dire. Interrogez-le ; sachons ce que c'est. Je suis persuadée que ce petit monsieur-là ne vous convient point ; nous le voyons tous ; il n'y a que vous qui n'y prenez pas garde.

MARTON, *négligemment*

Pour moi je n'en suis pas contente.

ARAMINTE, *riant ironiquement*

Qu'est-ce donc que vous voyez, et que je ne vois point ? Je manque de pénétration : j'avoue que je m'y perds ! Je ne vois pas le sujet de me défaire d'un homme qui m'est donné de bonne main, qui est un homme de quelque chose*, qui me sert bien, et que trop bien peut-être ; voilà ce qui n'échappe pas à ma pénétration, par exemple.

MADAME ARGANTE

Que vous êtes aveugle !

ARAMINTE, *d'un air souriant*

Pas tant; chacun a ses lumières. Je consens, au reste, d'écouter Dubois, le conseil est bon, et je l'approuve. Allez, Marton, allez lui dire que je veux lui parler. S'il me donne des motifs raisonnables de renvoyer cet intendant assez hardi pour regarder un tableau, il ne restera pas longtemps chez moi; sans quoi, on aura la bonté de trouver bon que je le garde, en attendant qu'il me déplaise à moi.

MADAME ARGANTE, *vivement*

Eh bien! il vous déplaira; je ne vous en dis pas davantage, en attendant de plus fortes preuves.

LE COMTE

Quant à moi, Madame, j'avoue que j'ai craint qu'il ne me servît mal auprès de vous, qu'il ne vous inspirât l'envie de plaider, et j'ai souhaité par pure tendresse qu'il vous en détournât. Il aura pourtant beau faire, je déclare que je renonce à tout procès avec vous; que je ne veux pour arbitre de notre discussion que vous et vos gens d'affaires, et que j'aime mieux perdre tout que de rien disputer.

MADAME ARGANTE, *d'un ton décisif*

Mais où serait la dispute? Le mariage terminerait tout, et le vôtre est comme arrêté[1].

LE COMTE

Je garde le silence sur Dorante; je reviendrai simplement voir ce que vous pensez de lui, et si vous le congédiez, comme je le présume, il ne tiendra qu'à vous de prendre celui que je vous offrais, et que je retiendrai encore quelque temps.

1. Décidé.

MADAME ARGANTE

Je ferai comme Monsieur, je ne vous parlerai plus de rien non plus, vous m'accuseriez de vision, et votre entêtement finira sans notre secours. Je compte beaucoup sur Dubois que voici, et avec lequel nous vous laissons.

Scène 12

DUBOIS, ARAMINTE

DUBOIS

On m'a dit que vous vouliez me parler, Madame ?

ARAMINTE

Viens ici : tu es bien imprudent, Dubois, bien indiscret ; moi qui ai si bonne opinion de toi, tu n'as guère d'attention pour ce que je te dis. Je t'avais recommandé de te taire sur le chapitre de Dorante ; tu en sais les conséquences ridicules, et tu me l'avais promis : pourquoi donc avoir prise, sur ce misérable tableau, avec un sot qui fait un vacarme épouvantable, et qui vient ici tenir des discours tous propres à donner des idées que je serais au désespoir qu'on eût ?

DUBOIS

Ma foi, Madame, j'ai cru la chose sans conséquence, et je n'ai agi d'ailleurs que par un mouvement de respect et de zèle.

ARAMINTE, *d'un air vif*

Eh ! laisse là ton zèle, ce n'est pas là celui que je veux, ni celui qu'il me faut ; c'est de ton silence dont j'ai besoin pour me tirer de l'embarras où je suis, et où tu m'as jetée toi-même ; car sans toi je ne saurais pas que cet homme-là m'aime, et je n'aurais que faire d'y regarder de si près.

DUBOIS

J'ai bien senti que j'avais tort.

ARAMINTE

Passe encore pour la dispute; mais pourquoi s'écrier : si je disais un mot? Y a-t-il rien de plus mal à toi?

DUBOIS

C'est encore une suite de zèle mal entendu.

ARAMINTE

Eh bien! tais-toi donc, tais-toi; je voudrais pouvoir te faire oublier ce que tu m'as dit.

DUBOIS

Oh! je suis bien corrigé.

ARAMINTE

C'est ton étourderie qui me force actuellement de te parler, sous prétexte de t'interroger sur ce que tu sais de lui. Ma mère et Monsieur le Comte s'attendent que tu vas m'en[1] apprendre des choses étonnantes; quel rapport leur ferai-je à présent?

DUBOIS

Ah! il n'y a rien de plus facile à raccommoder : ce rapport sera que des gens qui le connaissent m'ont dit que c'était un homme incapable de l'emploi qu'il a chez vous; quoiqu'il soit fort habile*, au moins* : ce n'est pas cela qui lui manque.

ARAMINTE

À la bonne heure; mais il y aura un inconvénient. S'il en est incapable, on me dira de le renvoyer, et il n'est pas encore temps; j'y ai pensé depuis; la prudence ne le veut pas, et je suis obligée de prendre des biais, et d'aller tout

1. À propos de Dorante.

doucement avec cette passion si excessive que tu dis qu'il a, et qui éclaterait* peut-être dans sa douleur. Me fierais-je à un désespéré ? Ce n'est plus le besoin que j'ai de lui qui me retient, c'est moi que je ménage. *(Elle radoucit le ton.)* À moins que ce qu'a dit Marton ne soit vrai, auquel cas je n'aurais plus rien à craindre. Elle prétend qu'il l'avait déjà vue chez Monsieur Remy, et que le procureur a dit même devant lui qu'il l'aimait depuis longtemps, et qu'il fallait qu'ils se mariassent ; je le voudrais.

DUBOIS

Bagatelle ! Dorante n'a vu Marton ni de près ni de loin ; c'est le procureur qui a débité cette fable-là à Marton, dans le dessein de les marier ensemble. Et moi je n'ai pas osé l'en dédire, m'a dit Dorante, parce que j'aurais indisposé contre moi cette fille, qui a du crédit auprès de sa maîtresse, et qui a cru ensuite que c'était pour elle que je refusais les quinze mille livres de rente qu'on m'offrait.

ARAMINTE, *négligemment*

Il t'a donc tout conté ?

DUBOIS

Oui, il n'y a qu'un moment, dans le jardin[1] où il a voulu presque se jeter à mes genoux pour me conjurer de lui garder le secret sur sa passion, et d'oublier l'emportement qu'il eut avec moi quand je le quittai. Je lui ai dit que je me tairais, mais que je ne prétendais pas rester dans la maison avec lui, et qu'il fallait qu'il sortît ; ce qui l'a jeté dans des gémissements, dans des pleurs, dans le plus triste état du monde.

ARAMINTE

Eh ! tant pis ; ne le tourmente point ; tu vois bien que j'ai raison de dire qu'il faut aller doucement avec cet

1. Cette remarque achève de nous renseigner sur la topographie de la maison, confirmant l'existence d'un lieu qui sera le décor de la

esprit-là, tu le vois bien. J'augurais beaucoup de ce mariage avec Marton ; je croyais qu'il m'oublierait, et point du tout, il n'est question de rien.

DUBOIS, *comme s'en allant*

Pure fable ! Madame a-t-elle encore quelque chose à me dire ?

ARAMINTE

Attends : comment faire ? Si lorsqu'il me parle il me mettait en droit de me plaindre de lui ; mais il ne lui échappe rien ; je ne sais de son amour que ce que tu m'en dis ; et je ne suis pas assez fondée pour le renvoyer ; il est vrai qu'il me fâcherait s'il parlait ; mais il serait à propos qu'il me fâchât.

DUBOIS

Vraiment oui ; Monsieur Dorante n'est point digne de Madame. S'il était dans une plus grande fortune*, comme il n'y a rien à dire à ce qu'il est né[1], ce serait une autre affaire, mais il n'est riche qu'en mérite, et ce n'est pas assez.

ARAMINTE, *d'un ton comme triste*

Vraiment non, voilà les usages ; je ne sais pas comment je le traiterai ; je n'en sais rien, je verrai.

DUBOIS

Eh bien ! Madame a un si beau prétexte... Ce portrait que Marton a cru être le sien à ce qu'elle m'a dit...

ARAMINTE

Eh ! non, je ne saurais l'en accuser ; c'est le Comte qui l'a fait faire.

---

scène 1 dans l'acte III : le jardin constitue l'espace extérieur et secret où se rencontrent Dorante et Dubois.

1. Il n'y a rien à redire sur sa naissance (il est de bonne famille).

DUBOIS

Point du tout, c'est de Dorante, je le sais de lui-même, et il y travaillait encore il n'y a que deux mois, lorsque je le quittai.

ARAMINTE

Va-t'en ; il y a longtemps que je te parle. Si on me demande ce que tu m'as appris de lui, je dirai ce dont nous sommes convenus. Le voici, j'ai envie de lui tendre un piège.

DUBOIS

Oui, Madame, il se déclarera peut-être, et tout de suite je lui dirais : Sortez.

ARAMINTE

Laisse-nous.

Scène 13

DORANTE, ARAMINTE, DUBOIS

DUBOIS, *sortant, et en passant auprès de Dorante, et rapidement*

Il m'est impossible de l'instruire ; mais qu'il se découvre ou non, les choses ne peuvent aller que bien.

DORANTE

Je viens, Madame, vous demander votre protection. Je suis dans le chagrin et dans l'inquiétude : j'ai tout quitté pour avoir l'honneur d'être à vous, je vous suis plus attaché que je ne puis le dire ; on ne saurait vous servir avec plus de fidélité* ni de désintéressement ; et cependant je ne suis pas sûr de rester. Tout le monde ici m'en veut, me persécute et conspire pour me faire sortir. J'en suis consterné ; je tremble que vous ne cédiez à leur inimitié, pour moi, et j'en serais dans la dernière affliction.

ARAMINTE, *d'un ton doux*

Tranquillisez-vous ; vous ne dépendez point de ceux qui vous en veulent ; ils ne vous ont encore fait aucun tort dans mon esprit, et tous leurs petits complots n'aboutiront à rien ; je suis la maîtresse.

DORANTE, *d'un air bien inquiet*

Je n'ai que votre appui, Madame.

ARAMINTE

Il ne vous manquera pas ; mais je vous conseille une chose : ne leur paraissez pas si alarmé, vous leur feriez douter de votre capacité, et il leur semblerait que vous m'auriez beaucoup d'obligation de ce que je vous garde.

DORANTE

Ils ne se tromperaient pas, Madame ; c'est une bonté qui me pénètre de reconnaissance.

ARAMINTE

À la bonne heure ; mais il n'est pas nécessaire qu'ils le croient. Je vous sais bon gré de votre attachement et de votre fidélité* ; mais dissimulez-en une partie, c'est peut-être ce qui les indispose contre vous. Vous leur avez refusé de m'en faire accroire sur le chapitre du procès ; conformez-vous à ce qu'ils exigent ; regagnez-les par là, je vous le permets : l'événement* leur persuadera[1] que vous les avez bien servis ; car toute réflexion faite, je suis déterminée à épouser le Comte.

DORANTE, *d'un ton ému*

Déterminée, Madame !

---

1. Les persuadera. La construction indirecte est encore en usage au XVIIIe siècle.

ARAMINTE

Oui, tout à fait résolue. Le Comte croira que vous y avez contribué ; je le lui dirai même, et je vous garantis que vous resterez ici ; je vous le promets. *(À part.)* Il change de couleur.

DORANTE

Quelle différence pour moi, Madame !

ARAMINTE, *d'un air délibéré*

Il n'y en aura aucune, ne vous embarrassez pas [1], et écrivez le billet que je vais vous dicter ; il y a tout ce qu'il faut sur cette table.

DORANTE

Et pour qui, Madame ?

ARAMINTE

Pour le Comte, qui est sorti d'ici extrêmement inquiet, et que je vais surprendre bien agréablement par le petit mot que vous allez lui écrire en mon nom. *(Dorante reste rêveur, et par distraction ne va point à la table.)* Eh ! vous n'allez pas à la table ? À quoi rêvez-vous ?

DORANTE, *toujours distrait*

Oui, Madame.

ARAMINTE, *à part, pendant qu'il se place*

Il ne sait ce qu'il fait ; voyons si cela continuera.

DORANTE, *à part, cherchant du papier*

Ah ! Dubois m'a trompé !

ARAMINTE, *poursuivant*

Êtes-vous prêt à écrire ?

DORANTE

Madame, je ne trouve point de papier.

---

1. Ne vous inquiétez pas.

ARAMINTE, *allant elle-même*

Vous n'en trouvez point ! En voilà devant vous.

DORANTE

Il est vrai.

ARAMINTE

Écrivez. Hâtez-vous de venir, Monsieur ; votre mariage est sûr… Avez-vous écrit ?

DORANTE

Comment, Madame ?

ARAMINTE

Vous ne m'écoutez donc pas ? Votre mariage est sûr ; Madame veut que je vous l'écrive, et vous attend pour vous le dire. *(À part.)* Il souffre, mais il ne dit mot ; est-ce qu'il ne parlera pas ? N'attribuez point cette résolution à la crainte que Madame pourrait avoir des suites d'un procès douteux.

DORANTE

Je vous ai assuré que vous le gagneriez, Madame : douteux, il ne l'est point.

ARAMINTE

N'importe, achevez. Non, Monsieur, je suis chargé de sa part de vous assurer que la seule justice qu'elle rend à votre mérite la détermine.

DORANTE, *à part*

Ciel ! je suis perdu. *(Haut.)* Mais, Madame, vous n'aviez aucune inclination[1] pour lui.

---

1. Le terme « inclination » renvoie à la notion de *mariage d'inclination*, qui s'oppose à celle de *mariage d'intérêt*. Cette alternative s'incarne pour Araminte dans le choix qu'elle doit faire (ou, en tant que veuve, qu'elle peut faire) entre ses deux prétendants.

ARAMINTE

Achevez, vous dis-je... Qu'elle rend à votre mérite la détermine... Je crois que la main vous tremble! vous paraissez changé. Qu'est-ce que cela signifie? Vous trouvez-vous mal?

DORANTE

Je ne me trouve pas bien, Madame.

ARAMINTE

Quoi! si subitement! cela est singulier. Pliez la lettre et mettez : À Monsieur le comte Dorimont. Vous direz à Dubois qu'il la lui porte. *(À part.)* Le cœur me bat! *(À Dorante.)* Voilà qui est écrit tout de travers! Cette adresse-là n'est presque pas lisible. *(À part.)* Il n'y a pas encore là de quoi le convaincre.

DORANTE, *à part*

Ne serait-ce point aussi pour m'éprouver? Dubois ne m'a averti de rien.

Scène 14

ARAMINTE, DORANTE, MARTON

MARTON

Je suis bien aise, Madame, de trouver Monsieur ici; il vous confirmera tout de suite ce que j'ai à vous dire. Vous avez offert en différentes occasions de me marier, Madame; et jusqu'ici je ne me suis point trouvée disposée à profiter de vos bontés. Aujourd'hui Monsieur me recherche; il vient même de refuser un parti infiniment plus riche, et le tout pour moi; du moins me l'a-t-il laissé croire, et il est à propos qu'il s'explique; mais comme je ne veux dépendre que de vous, c'est de vous aussi, Madame, qu'il faut qu'il m'obtienne : ainsi, Monsieur, vous n'avez qu'à parler à Madame. Si elle m'accorde à vous, vous n'aurez point de peine à m'obtenir de moi-même.

Scène 15

DORANTE, ARAMINTE

ARAMINTE, *à part, émue*

Cette folle ! *(Haut.)* Je suis charmée de ce qu'elle vient de m'apprendre. Vous avez fait là un très bon choix : c'est une fille aimable et d'un excellent caractère.

DORANTE, *d'un air abattu*

Hélas ! Madame, je ne songe point à elle.

ARAMINTE

Vous ne songez point à elle ! Elle dit que vous l'aimez, que vous l'aviez vue avant de venir ici.

DORANTE, *tristement*

C'est une erreur où Monsieur Remy l'a jetée sans me consulter ; et je n'ai point osé dire le contraire, dans la crainte de m'en faire une ennemie auprès de vous. Il en est de même de ce riche parti qu'elle croit que je refuse à cause d'elle ; et je n'ai nulle part à tout cela. Je suis hors d'état de donner mon cœur à personne : je l'ai perdu pour jamais, et la plus brillante de toutes les fortunes* ne me tenterait pas.

ARAMINTE

Vous avez tort. Il fallait désabuser Marton.

DORANTE

Elle vous aurait peut-être empêchée de me recevoir, et mon indifférence lui en dit assez.

ARAMINTE

Mais dans la situation où vous êtes, quel intérêt aviez-vous d'entrer dans ma maison, et de la préférer à une autre ?

DORANTE

Je trouve plus de douceur à être chez vous, Madame.

ARAMINTE

Il y a quelque chose d'incompréhensible en tout ceci ! Voyez-vous souvent la personne que vous aimez ?

DORANTE, *toujours abattu*

Pas souvent à mon gré, Madame ; et je la verrais à tout instant, que je ne croirais pas la voir assez.

ARAMINTE, *à part*

Il a des expressions d'une tendresse ! *(Haut.)* Est-elle fille ? A-t-elle été mariée ?

DORANTE

Madame, elle est veuve.

ARAMINTE

Et ne devez-vous pas l'épouser ? Elle vous aime, sans doute ?

DORANTE

Hélas ! Madame, elle ne sait pas seulement que je l'adore. Excusez l'emportement du terme dont je me sers. Je ne saurais presque parler d'elle qu'avec transport !

ARAMINTE

Je ne vous interroge que par étonnement. Elle ignore que vous l'aimez, dites-vous, et vous lui sacrifiez votre fortune* ? Voilà de l'incroyable. Comment, avec tant d'amour, avez-vous pu vous taire ? On essaie de se faire aimer, ce me semble : cela est naturel et pardonnable.

DORANTE

Me préserve le ciel d'oser concevoir la plus légère espérance ! Être aimé, moi ! non, Madame. Son état est bien au-dessus du mien. Mon respect me condamne au silence ; et je mourrai du moins sans avoir eu le malheur de lui déplaire.

ARAMINTE

Je n'imagine point de femme qui mérite d'inspirer une passion si étonnante : je n'en imagine point. Elle est donc au-dessus de toute comparaison ?

DORANTE

Dispensez-moi de la louer, Madame : je m'égarerais en la peignant. On ne connaît rien de si beau ni de si aimable qu'elle ! et jamais elle ne me parle ou ne me regarde, que mon amour n'en augmente.

ARAMINTE *baisse les yeux et continue*

Mais votre conduite blesse la raison. Que prétendez-vous avec cet amour pour une personne qui ne saura jamais que vous l'aimez ? Cela est bien bizarre. Que prétendez-vous ?

DORANTE

Le plaisir de la voir quelquefois, et d'être avec elle, est tout ce que je me propose.

ARAMINTE

Avec elle ! Oubliez-vous que vous êtes ici ?

DORANTE

Je veux dire avec son portrait, quand je ne la vois point.

ARAMINTE

Son portrait ! Est-ce que vous l'avez fait faire ?

DORANTE

Non, Madame ; mais j'ai, par amusement, appris à peindre, et je l'ai peinte moi-même. Je me serais privé de son portrait, si je n'avais pu l'avoir que par le secours d'un autre.

ARAMINTE, *à part*

Il faut le pousser à bout. *(Haut.)* Montrez-moi ce portrait.

DORANTE

Daignez m'en dispenser, Madame ; quoique mon amour soit sans espérance, je n'en dois pas moins un secret inviolable à l'objet aimé.

ARAMINTE

Il m'en est tombé un par hasard entre les mains : on l'a trouvé ici. *(Montrant la boîte.)* Voyez si ce ne serait point celui dont il s'agit.

DORANTE

Cela ne se peut pas.

ARAMINTE, *ouvrant la boîte*

Il est vrai que la chose serait assez extraordinaire : examinez[1].

DORANTE

Ah ! Madame, songez que j'aurais perdu mille fois la vie, avant d'avouer ce que le hasard vous découvre. Comment pourrai-je expier ?... *(Il se jette à ses genoux.)*

ARAMINTE

Dorante, je ne me fâcherai point. Votre égarement me fait pitié. Revenez-en*, je vous le pardonne.

1. De même qu'à la scène 9, l'examen du portrait amène ici une révélation et un coup de théâtre, entraînant un renversement de situation.

MARTON *paraît et s'enfuit*

Ah ! *(Dorante se lève vite.)*

ARAMINTE

Ah ciel ! c'est Marton ! Elle vous a vu.

DORANTE, *feignant d'être déconcerté*

Non, Madame, non : je ne crois pas. Elle n'est point entrée.

ARAMINTE

Elle vous a vu, vous dis-je : laissez-moi, allez-vous-en : vous m'êtes insupportable. Rendez-moi ma lettre. *(Quand il est parti.)* Voilà pourtant ce que c'est que de l'avoir gardé !

Scène 16

ARAMINTE, DUBOIS

DUBOIS

Dorante s'est-il déclaré, Madame ? et est-il nécessaire que je lui parle ?

ARAMINTE

Non, il ne m'a rien dit. Je n'ai rien vu d'approchant à ce que tu m'as conté ; et qu'il n'en soit plus question : ne t'en mêle plus.

Elle sort.

DUBOIS

Voici l'affaire dans sa crise.

Scène 17

DUBOIS, DORANTE

DORANTE

Ah ! Dubois.

DUBOIS

Retirez-vous.

DORANTE

Je ne sais qu'augurer de la conversation que je viens d'avoir avec elle.

DUBOIS

À quoi songez-vous ? Elle n'est qu'à deux pas : voulez-vous tout perdre ?

DORANTE

Il faut que tu m'éclaircisses…

DUBOIS

Allez dans le jardin.

DORANTE

D'un doute…

DUBOIS

Dans le jardin, vous dis-je ; je vais m'y rendre.

DORANTE

Mais…

DUBOIS

Je ne vous écoute plus.

DORANTE

Je crains plus que jamais.

ACTE III

Scène première

DORANTE, DUBOIS

DUBOIS

Non, vous dis-je ; ne perdons point de temps. La lettre est-elle prête ?

DORANTE, *la lui montrant*

Oui, la voilà, et j'ai mis dessus : rue du Figuier[1].

DUBOIS

Vous êtes bien assuré qu'Arlequin ne connaît pas ce quartier-là ?

DORANTE

Il m'a dit que non.

DUBOIS

Lui avez-vous bien recommandé de s'adresser à Marton ou à moi pour savoir ce que c'est ?

1. La rue du Figuier (qui existe toujours) se situe dans le quartier du Marais. Cet élément précis de référentialité contribue, au même titre que les données chiffrées concernant la fortune d'Araminte, à un certain ancrage réaliste de la pièce.

DORANTE

Sans doute, et je lui[1] recommanderai encore.

DUBOIS

Allez donc la lui donner : je me charge du reste auprès de Marton que je vais trouver.

DORANTE

Je t'avoue que j'hésite un peu. N'allons-nous pas trop vite avec Araminte ? Dans l'agitation des mouvements* où elle est, veux-tu encore lui donner l'embarras de voir subitement éclater l'aventure ?

DUBOIS

Oh ! oui : point de quartier. Il faut l'achever, pendant qu'elle est étourdie. Elle ne sait plus ce qu'elle fait. Ne voyez-vous pas bien qu'elle triche avec moi, qu'elle me fait accroire que vous ne lui avez rien dit ? Ah ! je lui apprendrai à vouloir me souffler mon emploi de confident[2] pour vous aimer en fraude.

DORANTE

Que j'ai souffert dans ce dernier entretien ! Puisque tu savais qu'elle voulait me faire déclarer, que ne m'en avertissais-tu par quelques signes ?

DUBOIS

Cela aurait été joli, ma foi ! Elle ne s'en serait point aperçue, n'est-ce pas ? Et d'ailleurs, votre douleur n'en a paru que plus vraie. Vous repentez-vous de l'effet qu'elle a produit ? Monsieur a souffert ! Parbleu ! il me semble que cette aventure-ci mérite un peu d'inquiétude.

---

1. Le lui.
2. À rapprocher du titre de la pièce : Dubois est en réalité un « faux » confident pour Araminte.

DORANTE

Sais-tu bien ce qui arrivera ? Qu'elle prendra son parti, et qu'elle me renverra tout d'un coup.

DUBOIS

Je lui en[1] défie. Il est trop tard. L'heure du courage est passée. Il faut qu'elle nous épouse.

DORANTE

Prends-y garde : tu vois que sa mère la fatigue*.

DUBOIS

Je serais bien fâché qu'elle la laissât en repos.

DORANTE

Elle est confuse de ce que Marton m'a surpris à ses genoux.

DUBOIS

Ah ! vraiment, des confusions ! Elle n'y est pas. Elle va en essuyer bien d'autres ! C'est moi qui, voyant le train que prenait la conversation, ai fait venir Marton une seconde fois.

DORANTE

Araminte pourtant m'a dit que je lui étais insupportable.

DUBOIS

Elle a raison. Voulez-vous qu'elle soit de bonne humeur avec un homme qu'il faut qu'elle aime en dépit d'elle ? Cela est-il agréable ? Vous vous emparez de son bien, de son cœur ; et cette femme ne criera pas ! Allez vite, plus de raisonnements : laissez-vous conduire.

---

1. L'en.

DORANTE

Songe que je l'aime, et que, si notre précipitation réussit mal, tu me désespères.

DUBOIS

Ah! oui, je sais bien que vous l'aimez : c'est à cause de cela que je ne vous écoute pas. Êtes-vous en état de juger de rien? Allons, allons, vous vous moquez; laissez faire un homme de sang-froid. Partez, d'autant plus que voici Marton qui vient à propos, et que je vais tâcher d'amuser*, en attendant que vous envoyiez Arlequin.

Dorante sort.

Scène 2

DUBOIS, MARTON

MARTON, *d'un air triste*

Je te cherchais.

DUBOIS

Qu'y a-t-il pour votre service, Mademoiselle?

MARTON

Tu me l'avais bien dit, Dubois.

DUBOIS

Quoi donc? Je ne me souviens plus de ce que c'est.

MARTON

Que cet intendant osait lever les yeux sur Madame.

DUBOIS

Ah! oui; vous parlez de ce regard que je lui vis jeter sur elle. Oh! jamais je ne l'ai oublié. Cette œillade-là ne valait rien. Il y avait quelque chose dedans qui n'était pas dans l'ordre.

MARTON

Oh ça, Dubois, il s'agit de faire sortir cet homme-ci[1].

DUBOIS

Pardi! tant qu'on voudra; je ne m'y épargne pas. J'ai déjà dit à Madame qu'on m'avait assuré qu'il n'entendait pas les affaires.

MARTON

Mais est-ce là tout ce que tu sais de lui? C'est de la part de Madame Argante et de Monsieur le Comte que je te parle, et nous avons peur que tu n'aies pas tout dit à Madame, ou qu'elle ne cache ce que c'est. Ne nous déguise rien, tu n'en seras pas fâché.

DUBOIS

Ma foi! je ne sais que son insuffisance*, dont j'ai instruit Madame.

MARTON

Ne dissimule point.

DUBOIS

Moi! un dissimulé! moi! garder un secret! Vous avez bien trouvé votre homme! En fait de discrétion, je mériterais d'être femme[2]. Je vous demande pardon de la comparaison : mais c'est pour vous mettre l'esprit en repos.

MARTON

Il est certain qu'il aime Madame.

DUBOIS

Il n'en faut point douter : je lui en ai même dit ma pensée à elle.

---

1. En le faisant renvoyer.
2. Écho possible à La Fontaine («Les Femmes et le secret», *Fables*, VIII, 6) : «Rien ne pèse tant qu'un secret :/ Le porter loin est difficile aux dames;/ Et je sais même sur ce fait/ Bon nombre d'hommes qui sont femmes.»

MARTON

Et qu'a-t-elle répondu?

DUBOIS

Que j'étais un sot. Elle est si prévenue[1]...

MARTON

Prévenue à un point que je n'oserais le dire, Dubois.

DUBOIS

Oh! le diable n'y perd rien[2], ni moi non plus; car je vous entends.

MARTON

Tu as la mine d'en savoir plus que moi là-dessus.

DUBOIS

Oh! point du tout, je vous jure. Mais, à propos, il vient tout à l'heure d'appeler Arlequin pour lui donner une lettre : si nous pouvions la saisir, peut-être en saurions-nous davantage.

MARTON

Une lettre, oui-da; ne négligeons rien. Je vais de ce pas parler à Arlequin, s'il n'est pas encore parti.

DUBOIS

Vous n'irez pas loin. Je crois qu'il vient.

---

1. En sa faveur.
2. Marton n'a pas besoin d'en dire davantage, car rien n'échappe au diable, ni à Dubois («ni moi non plus»).

Scène 3

MARTON, DUBOIS, ARLEQUIN

ARLEQUIN, *voyant Dubois*

Ah ! te voilà donc, mal bâti.

DUBOIS

Tenez : n'est-ce pas là une belle figure pour se moquer de la mienne ?

MARTON

Que veux-tu, Arlequin ?

ARLEQUIN

Ne sauriez-vous pas où demeure la rue du Figuier, Mademoiselle ?

MARTON

Oui.

ARLEQUIN

C'est que mon camarade, que je sers, m'a dit de porter cette lettre à quelqu'un qui est dans cette rue, et comme je ne la sais pas, il m'a dit que je m'en informasse à vous ou à cet animal-là ; mais cet animal-là ne mérite pas que je lui en parle, sinon pour l'injurier. J'aimerais mieux que le diable eût emporté toutes les rues, que d'en savoir une par le moyen d'un malotru[1] comme lui.

DUBOIS, *à Marton, à part*

Prenez la lettre. *(Haut.)* Non, non, Mademoiselle, ne lui enseignez rien : qu'il galope.

---

1. Personne grossière et malapprise. On retrouve le lexique injurieux de la scène 10 (acte II), qui opposait également Arlequin à Dubois.

ARLEQUIN

Veux-tu te taire ?

MARTON, *négligemment*

Ne l'interrompez donc point, Dubois. Eh bien ! veux-tu me donner ta lettre ? Je vais envoyer dans ce quartier-là, et on la rendra à son adresse.

ARLEQUIN

Ah ! voilà qui est bien agréable ! Vous êtes une fille de bonne amitié, Mademoiselle.

DUBOIS, *s'en allant*

Vous êtes bien bonne d'épargner de la peine à ce fainéant-là.

ARLEQUIN

Ce malhonnête* ! Va, va trouver le tableau pour voir comme il se moque de toi.

MARTON, *seule avec Arlequin*

Ne lui réponds rien : donne ta lettre.

ARLEQUIN

Tenez, Mademoiselle ; vous me rendez un service qui me fait grand bien. Quand il y aura à trotter pour votre serviable personne, n'ayez point d'autre postillon que moi.

MARTON

Elle sera rendue exactement.

ARLEQUIN

Oui, je vous recommande l'exactitude à cause de Monsieur Dorante, qui mérite toutes sortes de fidélités*.

MARTON, *à part*

L'indigne !

ARLEQUIN, *s'en allant*

Je suis votre serviteur éternel.

MARTON

Adieu.

ARLEQUIN, *revenant*

Si vous le rencontrez, ne lui dites point qu'un autre galope à ma place.

Scène 4

MADAME ARGANTE, LE COMTE, MARTON

MARTON, *un moment seule*

Ne disons mot que je n'aie vu ce que ceci contient.

MADAME ARGANTE

Eh bien, Marton, qu'avez-vous appris de Dubois ?

MARTON

Rien que ce que vous saviez déjà, Madame, et ce n'est pas assez.

MADAME ARGANTE

Dubois est un coquin qui nous trompe.

LE COMTE

Il est vrai que sa menace signifiait quelque chose de plus.

MADAME ARGANTE

Quoi qu'il en soit, j'attends Monsieur Remy que j'ai envoyé chercher ; et s'il ne nous défait pas de cet homme-là, ma fille saura qu'il ose l'aimer, je l'ai résolu. Nous en avons les présomptions les plus fortes ; et ne fût-ce que par bienséance, il faudra bien qu'elle le chasse. D'un autre côté, j'ai fait venir l'intendant que Monsieur le Comte lui proposait. Il est ici, et je le lui présenterai sur-le-champ.

MARTON

Je doute que vous réussissiez si nous n'apprenons rien de nouveau : mais je tiens peut-être son congé, moi qui vous parle… Voici Monsieur Remy : je n'ai pas le temps de vous en dire davantage, et je vais m'éclaircir.

Elle veut sortir.

Scène 5

MONSIEUR REMY, MADAME ARGANTE, LE COMTE, MARTON

MONSIEUR REMY, *à Marton qui se retire*

Bonjour, ma nièce, puisque enfin il faut que vous la soyez[1]. Savez-vous ce qu'on me veut ici ?

MARTON, *brusquement*

Passez, Monsieur, et cherchez votre nièce ailleurs : je n'aime point les mauvais plaisants.

Elle sort.

MONSIEUR REMY

Voilà une petite fille bien incivile. *(À Madame Argante.)* On m'a dit de votre part de venir ici, Madame : de quoi est-il donc question ?

MADAME ARGANTE, *d'un ton revêche*

Ah ! c'est donc vous, Monsieur le Procureur ?

1. Le soyez. Contrairement à l'usage déjà en cours au XVIIIe siècle, Marivaux accorde le pronom avec le nom qu'il représente.

MONSIEUR REMY

Oui, Madame, je vous garantis que c'est moi-même.

MADAME ARGANTE

Et de quoi vous êtes-vous avisé, je vous prie, de nous embarrasser d'un intendant de votre façon ?

MONSIEUR REMY

Et par quel hasard Madame y trouve-t-elle à redire ?

MADAME ARGANTE

C'est que nous nous serions bien passés du présent que vous nous avez fait.

MONSIEUR REMY

Ma foi ! Madame, s'il n'est pas à votre goût, vous êtes bien difficile.

MADAME ARGANTE.

C'est votre neveu, dit-on ?

MONSIEUR REMY

Oui, Madame.

MADAME ARGANTE

Eh bien ! tout votre neveu qu'il est, vous nous ferez un grand plaisir de le retirer.

MONSIEUR REMY

Ce n'est pas à vous que je l'ai donné.

MADAME ARGANTE

Non ; mais c'est à nous qu'il déplaît, à moi et à Monsieur le Comte que voilà, et qui doit épouser ma fille.

MONSIEUR REMY, *élevant la voix*

Celui-ci[1] est nouveau ! Mais, Madame, dès qu'il n'est pas à vous, il me semble qu'il n'est pas essentiel qu'il

1. Ceci.

vous plaise. On n'a pas mis dans le marché qu'il vous plairait, personne n'a songé à cela ; et, pourvu qu'il convienne à Madame Araminte, tout[1] doit être content. Tant pis pour qui ne l'est pas. Qu'est-ce que cela signifie ?

MADAME ARGANTE

Mais vous avez le ton bien rogue, Monsieur Remy.

MONSIEUR REMY

Ma foi ! vos compliments ne sont pas propres à l'adoucir, Madame Argante.

LE COMTE

Doucement, Monsieur le Procureur, doucement : il me paraît que vous avez tort.

MONSIEUR REMY

Comme vous voudrez, Monsieur le Comte, comme vous voudrez ; mais cela ne vous regarde pas. Vous savez bien que je n'ai pas l'honneur de vous connaître, et nous n'avons que faire ensemble, pas la moindre chose.

LE COMTE

Que vous me connaissiez ou non, il n'est pas si peu essentiel que vous le dites que notre neveu plaise à Madame. Elle n'est pas une étrangère dans la maison.

MONSIEUR REMY

Parfaitement étrangère pour cette affaire-ci, Monsieur ; on ne peut pas plus étrangère : au surplus, Dorante est un homme d'honneur, connu pour tel, dont j'ai répondu, dont je répondrai toujours, et dont Madame parle ici d'une manière choquante.

MADAME ARGANTE

Votre Dorante est un impertinent*.

---

1. Tout le monde.

MONSIEUR REMY

Bagatelle ! ce mot-là ne signifie rien dans votre bouche.

MADAME ARGANTE

Dans ma bouche ! À qui parle donc ce petit praticien*, Monsieur le Comte ? Est-ce que vous ne lui imposerez pas silence ?

MONSIEUR REMY

Comment donc ! m'imposer silence ! à moi, Procureur ! Savez-vous bien qu'il y a cinquante ans que je parle, Madame Argante ?

MADAME ARGANTE

Il y a donc cinquante ans que vous ne savez ce que vous dites.

Scène 6

ARAMINTE, MADAME ARGANTE, MONSIEUR REMY, LE COMTE

ARAMINTE

Qu'y a-t-il donc ? On dirait que vous vous querellez.

MONSIEUR REMY

Nous ne sommes pas fort en paix, et vous venez très à propos, Madame : il s'agit de Dorante ; avez-vous sujet de vous plaindre de lui ?

ARAMINTE

Non, que je sache.

MONSIEUR REMY

Vous êtes-vous aperçue qu'il ait manqué de probité ?

ARAMINTE

Lui? non vraiment. Je ne le connais que pour un homme très estimable.

MONSIEUR REMY

Au discours que Madame en tient, ce doit pourtant être un fripon, dont il faut que je vous délivre, et on se passerait bien du présent que je vous ai fait, et c'est un impertinent* qui déplaît à Monsieur qui parle en qualité d'époux futur ; et à cause que je le défends, on veut me persuader que je radote.

ARAMINTE, *froidement*

On se jette là dans de grands excès. Je n'y ai point de part, Monsieur. Je suis bien éloignée de vous traiter si mal. À l'égard de Dorante, la meilleure justification qu'il y ait pour lui, c'est que je le garde. Mais je venais pour savoir une chose, Monsieur le Comte. Il y a là-bas, m'a-t-on dit, un homme d'affaires que vous avez amené pour moi. On se trompe apparemment.

LE COMTE

Madame, il est vrai qu'il est venu avec moi ; mais c'est Madame Argante…

MADAME ARGANTE

Attendez, je vais répondre. Oui, ma fille, c'est moi qui ai prié Monsieur de le faire venir pour remplacer celui que vous avez et que vous allez mettre dehors : je suis sûre de mon fait. J'ai laissé dire votre procureur, au reste, mais il amplifie*.

MONSIEUR REMY

Courage !

MADAME ARGANTE, *vivement*

Paix ; vous avez assez parlé. *(À Araminte.)* Je n'ai point dit que son neveu fût un fripon. Il ne serait pas impossible qu'il le fût, je n'en serais pas étonnée.

MONSIEUR REMY

Mauvaise parenthèse, avec votre permission, supposition injurieuse, et tout à fait hors d'œuvre[1].

MADAME ARGANTE

Honnête homme, soit : du moins n'a-t-on pas encore de preuves du contraire, et je veux croire qu'il l'est. Pour un impertinent* et très impertinent, j'ai dit qu'il en était un, et j'ai raison. Vous dites que vous le garderez : vous n'en ferez rien.

ARAMINTE, *froidement*

Il restera, je vous assure.

MADAME ARGANTE

Point du tout ; vous ne sauriez. Seriez-vous d'humeur à garder un intendant qui vous aime ?

MONSIEUR REMY

Eh ! à qui voulez-vous donc qu'il s'attache ? À vous, à qui il n'a pas affaire ?

ARAMINTE

Mais en effet, pourquoi faut-il que mon intendant me haïsse ?

MADAME ARGANTE

Eh ! non, point d'équivoque. Quand je vous dis qu'il vous aime, j'entends qu'il est amoureux de vous, en bon français ; qu'il est ce qu'on appelle amoureux ; qu'il soupire pour vous ; que vous êtes l'objet secret de sa tendresse.

MONSIEUR REMY, *étonné*

Dorante ?

---

1. Hors de propos.

ARAMINTE, *riant*

L'objet secret de sa tendresse ! Oh ! oui, très secret, je pense. Ah ! ah ! je ne me croyais pas si dangereuse à voir. Mais dès que vous devinez de pareils secrets, que ne devinez-vous que tous mes gens sont comme lui ? Peut-être qu'ils m'aiment aussi : que sait-on ? Monsieur Remy, vous qui me voyez assez souvent, j'ai envie de deviner que vous m'aimez aussi.

MONSIEUR REMY.

Ma foi, Madame, à l'âge de mon neveu, je ne m'en tirerais pas mieux qu'on dit qu'il s'en tire.

MADAME ARGANTE

Ceci n'est pas matière à plaisanterie, ma fille. Il n'est pas question de votre Monsieur Remy ; laissons là ce bonhomme, et traitons la chose un peu plus sérieusement. Vos gens ne vous font pas peindre, vos gens ne se mettent point à contempler vos portraits, vos gens n'ont point l'air galant, la mine doucereuse.

MONSIEUR REMY, *à Araminte*

J'ai laissé passer le bonhomme à cause de vous, au moins ; mais le bonhomme est quelquefois brutal.

ARAMINTE

En vérité, ma mère, vous seriez la première à vous moquer de moi, si ce que vous dites me faisait la moindre impression ; ce serait une enfance* à moi que de le renvoyer sur un pareil soupçon. Est-ce qu'on ne peut me voir sans m'aimer ? Je n'y saurais que faire : il faut bien m'y accoutumer et prendre mon parti là-dessus. Vous lui trouvez l'air galant, dites-vous ? Je n'y avais pas pris garde, et je ne lui en ferai point un reproche. Il y aurait de la bizarrerie à se fâcher de ce qu'il est bien fait. Je suis d'ailleurs comme tout le monde : j'aime assez les gens de bonne mine.

Scène 7

ARAMINTE, MADAME ARGANTE, MONSIEUR REMY, LE COMTE, DORANTE

DORANTE

Je vous demande pardon, Madame, si je vous interromps. J'ai lieu de présumer que mes services ne vous sont plus agréables, et dans la conjoncture présente, il est naturel que je sache mon sort.

MADAME ARGANTE, *ironiquement*

Son sort ! Le sort d'un intendant : que cela est beau !

MONSIEUR REMY

Et pourquoi n'aurait-il pas un sort ?

ARAMINTE, *d'un air vif à sa mère*

Voilà des emportements qui m'appartiennent. *(À Dorante.)* Quelle est cette conjoncture, Monsieur, et le motif de votre inquiétude ?

DORANTE

Vous le savez, Madame. Il y a quelqu'un ici que vous avez envoyé chercher pour occuper ma place.

ARAMINTE

Ce quelqu'un-là est fort mal conseillé. Désabusez-vous : ce n'est point moi qui l'ai fait venir.

DORANTE

Tout a contribué à me tromper, d'autant plus que Mademoiselle Marton vient de m'assurer que dans une heure je ne serais plus ici.

ARAMINTE

Marton vous a tenu un fort sot discours.

MADAME ARGANTE

Le terme est encore trop long : il devrait en sortir tout à l'heure*.

MONSIEUR REMY, *comme à part*

Voyons par où cela finira.

ARAMINTE

Allez, Dorante, tenez-vous en repos ; fussiez-vous l'homme du monde qui me convînt le moins, vous resteriez : dans cette occasion-ci, c'est à moi-même que je dois cela ; je me sens offensée du procédé qu'on a avec moi, et je vais faire dire à cet homme d'affaires qu'il se retire ; que ceux qui l'ont amené sans me consulter le remmènent, et qu'il n'en soit plus parlé.

Scène 8

ARAMINTE, MADAME ARGANTE, MONSIEUR REMY, LE COMTE, DORANTE, MARTON

MARTON, *froidement*

Ne vous pressez pas de le renvoyer, Madame ; voilà une lettre de recommandation pour lui, et c'est Monsieur Dorante qui l'a écrite.

ARAMINTE

Comment !

MARTON, *donnant la lettre au Comte*

Un instant, Madame, cela mérite d'être écouté. La lettre est de Monsieur, vous dis-je.

LE COMTE *lit haut*

Je vous conjure, mon cher ami, d'être demain sur les neuf heures du matin chez vous ; j'ai bien des choses à vous dire ; je crois que je vais sortir de chez la dame que vous savez ; elle ne peut plus ignorer la malheureuse passion que j'ai prise pour elle, et dont je ne guérirai jamais.

MADAME ARGANTE

De la passion, entendez-vous, ma fille ?

LE COMTE *lit*

Un misérable ouvrier que je n'attendais pas est venu ici pour m'apporter la boîte de ce portrait que j'ai fait d'elle.

MADAME ARGANTE

C'est-à-dire que le personnage[1] sait peindre.

LE COMTE *lit*

J'étais absent, il l'a laissée à une fille de la maison.

MADAME ARGANTE, *à Marton*

Fille de la maison, cela vous regarde.

LE COMTE *lit*

On a soupçonné que ce portrait m'appartenait ; ainsi, je pense qu'on va tout découvrir, et qu'avec le chagrin d'être renvoyé et de perdre le plaisir de voir tous les jours celle que j'adore…

MADAME ARGANTE

Que j'adore ! ah ! que j'adore !

LE COMTE *lit*

J'aurai encore celui d'être méprisé d'elle.

MADAME ARGANTE

Je crois qu'il n'a pas mal deviné celui-là, ma fille.

---

1. Dorante. Terme utilisé dans une intention méprisante par Madame Argante, et que Monsieur Remy reprendra un peu plus loin avec ironie.

LE COMTE *lit*

Non pas à cause de la médiocrité de ma fortune*, sorte de mépris dont je n'oserais la croire capable...

MADAME ARGANTE

Eh ! pourquoi non ?

LE COMTE *lit*

Mais seulement du peu que je vaux auprès d'elle, tout honoré que je suis de l'estime de tant d'honnêtes gens.

MADAME ARGANTE

Et en vertu de quoi l'estiment-ils tant ?

LE COMTE *lit*

Auquel cas je n'ai plus que faire à Paris. Vous êtes à la veille de vous embarquer[1], et je suis déterminé à vous suivre.

MADAME ARGANTE

Bon voyage au galant.

MONSIEUR REMY

Le beau motif d'embarquement[2] !

MADAME ARGANTE

Eh bien ! en avez-vous le cœur net, ma fille ?

LE COMTE

L'éclaircissement m'en paraît complet.

ARAMINTE, *à Dorante*

Quoi ! cette lettre n'est pas d'une écriture contrefaite ? vous ne la niez point ?

---

1. Sans doute pour les Amériques.
2. Le terme « embarquement », associé à celui de « galant » dans la réplique précédente, peut faire songer à l'*Embarquement pour Cythère* (1717) de Watteau, reçu à l'Académie Royale comme peintre de « fêtes galantes ».

DORANTE

Madame…

ARAMINTE

Retirez-vous.

Dorante sort.

MONSIEUR REMY

Eh bien ! quoi ? c'est de l'amour qu'il a ; ce n'est pas d'aujourd'hui que les belles personnes en donnent et, tel que vous le voyez, il n'en a pas pris pour toutes celles qui auraient bien voulu lui en donner. Cet amour-là lui coûte quinze mille livres de rente, sans compter les mers qu'il veut courir ; voilà le mal ; car au reste, s'il était riche, le personnage en vaudrait bien un autre ; il pourrait bien dire qu'il adore. *(Contrefaisant Madame Argante.)* Et cela ne serait point si ridicule. Accommodez-vous[1], au reste ; je suis votre serviteur, Madame.

Il sort.

MARTON

Fera-t-on monter l'intendant que Monsieur le Comte a amené, Madame ?

ARAMINTE

N'entendrai-je parler que d'intendant ! Allez-vous-en, vous prenez mal votre temps pour me faire des questions.

Marton sort.

MADAME ARGANTE

Mais, ma fille, elle a raison ; c'est Monsieur le Comte qui vous en répond, il n'y a qu'à le prendre.

1. Faites-vous une raison.

ARAMINTE

Et moi, je n'en veux point.

LE COMTE

Est-ce à cause qu'il vient de ma part, Madame ?

ARAMINTE

Vous êtes le maître d'interpréter, Monsieur ; mais je n'en veux point.

LE COMTE

Vous vous expliquez là-dessus d'un air de vivacité qui m'étonne.

MADAME ARGANTE

Mais en effet, je ne vous reconnais pas. Qu'est-ce qui vous fâche ?

ARAMINTE

Tout ; on s'y est mal pris ; il y a dans tout ceci des façons si désagréables, des moyens si offensants, que tout m'en choque.

MADAME ARGANTE, *étonnée*

On ne vous entend point.

LE COMTE

Quoique je n'aie aucune part à ce qui vient de se passer, je ne m'aperçois que trop, Madame, que je ne suis pas exempt de votre mauvaise humeur, et je serais fâché d'y contribuer davantage par ma présence.

MADAME ARGANTE

Non, Monsieur, je vous suis. Ma fille, je retiens Monsieur le Comte ; vous allez venir nous trouver apparemment[1]. Vous n'y songez pas, Araminte ; on ne sait que penser.

1. Certainement.

Scène 9

ARAMINTE, DUBOIS

DUBOIS

Enfin, Madame, à ce que je vois, vous en voilà délivrée. Qu'il devienne tout ce qu'il voudra à présent, tout le monde a été témoin de sa folie, et vous n'avez plus rien à craindre de sa douleur; il ne dit mot. Au reste, je viens seulement de le rencontrer plus mort que vif, qui traversait la galerie[1] pour aller chez lui. Vous auriez trop ri de le voir soupirer; il m'a pourtant fait pitié : je l'ai vu si défait, si pâle et si triste, que j'ai eu peur qu'il ne se trouve mal.

ARAMINTE, *qui ne l'a pas regardé jusque-là, et qui a toujours rêvé, dit d'un ton haut*

Mais qu'on aille donc voir : quelqu'un l'a-t-il suivi? que ne le secouriez-vous? faut-il le tuer, cet homme?

DUBOIS

J'y ai pourvu, Madame; j'ai appelé Arlequin, qui ne le quittera pas, et je crois d'ailleurs qu'il n'arrivera rien; voilà qui est fini. Je ne suis venu que pour dire une chose; c'est que je pense qu'il demandera à vous parler, et je ne conseille pas à Madame de le voir davantage; ce n'est pas la peine.

ARAMINTE, *sèchement*

Ne vous embarrassez pas, ce sont mes affaires.

DUBOIS

En un mot, vous en êtes quitte, et cela par le moyen de cette lettre qu'on vous a lue et que Mademoiselle Marton a tirée d'Arlequin par mon avis; je me suis douté qu'elle

1. Cf. la topographie de la maison de Madame Argante.

pourrait vous être utile, et c'est une excellente idée que j'ai eue là, n'est-ce pas, Madame ?

ARAMINTE, *froidement*

Quoi ! c'est à vous que j'ai l'obligation de la scène qui vient de se passer ?

DUBOIS, *librement*

Oui, Madame.

ARAMINTE

Méchant valet ! ne vous présentez plus devant moi.

DUBOIS, *comme étonné*

Hélas ! Madame, j'ai cru bien faire.

ARAMINTE

Allez, malheureux ! il fallait m'obéir ; je vous avais dit de ne plus vous en mêler ; vous m'avez jetée dans tous les désagréments que je voulais éviter. C'est vous qui avez répandu tous les soupçons qu'on a eus sur son compte, et ce n'est pas par attachement pour moi que vous m'avez appris qu'il m'aimait ; ce n'est que par le plaisir de faire du mal. Il m'importait peu d'en être instruite, c'est un amour que je n'aurais jamais su, et je le trouve bien malheureux d'avoir eu affaire à vous, lui qui a été votre maître, qui vous affectionnait, qui vous a bien traité, qui vient, tout récemment encore, de vous prier à genoux de lui garder le secret. Vous l'assassinez, vous me trahissez moi-même. Il faut que vous soyez capable de tout, que je ne vous voie jamais, et point de réplique.

DUBOIS *s'en va en riant*

Allons, voilà qui est parfait.

Scène 10

ARAMINTE, MARTON

MARTON, *triste*

La manière dont vous m'avez renvoyée, il n'y a qu'un moment, me montre que je vous suis désagréable, Madame, et je crois vous faire plaisir en vous demandant mon congé.

ARAMINTE, *froidement*

Je vous le donne.

MARTON

Votre intention est-elle que je sorte dès aujourd'hui, Madame ?

ARAMINTE

Comme vous voudrez.

MARTON

Cette aventure-ci est bien triste pour moi !

ARAMINTE

Oh ! point d'explication, s'il vous plaît.

MARTON

Je suis au désespoir.

ARAMINTE, *avec impatience*

Est-ce que vous êtes fâchée de vous en aller ? Eh bien, restez, Mademoiselle, restez : j'y consens ; mais finissons.

MARTON

Après les bienfaits dont vous m'avez comblée, que ferais-je auprès de vous, à présent que je vous suis suspecte, et que j'ai perdu toute votre confiance ?

ARAMINTE

Mais que voulez-vous que je vous confie ? Inventerai-je des secrets pour vous les dire ?

MARTON

Il est pourtant vrai que vous me renvoyez, Madame, d'où vient ma disgrâce ?

ARAMINTE

Elle est dans votre imagination. Vous me demandez votre congé, je vous le donne.

MARTON

Ah ! Madame, pourquoi m'avez-vous exposée au malheur de vous déplaire ? J'ai persécuté par ignorance l'homme du monde le plus aimable, qui vous aime plus qu'on n'a jamais aimé.

ARAMINTE, *à part*

Hélas !

MARTON

Et à qui je n'ai rien à reprocher ; car il vient de me parler. J'étais son ennemie, et je ne la[1] suis plus. Il m'a tout dit. Il ne m'avait jamais vue : c'est Monsieur Remy qui m'a trompée, et j'excuse Dorante.

ARAMINTE

À la bonne heure.

MARTON

Pourquoi avez-vous eu la cruauté de m'abandonner au hasard d'aimer un homme qui n'est pas fait pour moi, qui est digne de vous, et que j'ai jeté dans une douleur dont je suis pénétrée ?

---

1. Je ne le suis plus.

ARAMINTE, *d'un ton doux*

Tu l'aimais donc, Marton ?

MARTON

Laissons là mes sentiments. Rendez-moi votre amitié comme je l'avais, et je serai contente.

ARAMINTE

Ah ! je te la rends tout entière.

MARTON, *lui baisant la main*

Me voilà consolée.

ARAMINTE

Non, Marton, tu ne l'es pas encore. Tu pleures et tu m'attendris.

MARTON

N'y prenez point garde. Rien ne m'est si cher que vous.

ARAMINTE

Va, je prétends bien te faire oublier tous tes chagrins. Je pense que voici Arlequin.

Scène 11

ARAMINTE, MARTON, ARLEQUIN

ARAMINTE

Que veux-tu ?

ARLEQUIN, *pleurant et sanglotant*

J'aurais bien de la peine à vous le dire ; car je suis dans une détresse qui me coupe entièrement la parole, à cause de la trahison que Mademoiselle Marton m'a faite. Ah ! quelle ingrate perfidie !

MARTON

Laisse là ta perfidie et nous dis ce que tu veux.

ARLEQUIN

Ah ! cette pauvre lettre. Quelle escroquerie !

ARAMINTE

Dis donc.

ARLEQUIN

Monsieur Dorante vous demande à genoux qu'il vienne ici vous rendre compte des paperasses qu'il a eues dans les mains depuis qu'il est ici. Il m'attend à la porte où il pleure.

MARTON

Dis-lui qu'il vienne.

ARLEQUIN

Le voulez-vous, Madame ? car je ne me fie pas à elle. Quand on m'a une fois affronté*, je n'en reviens* point.

MARTON, *d'un air triste et attendri*

Parlez-lui, Madame, je vous laisse.

ARLEQUIN, *quand Marton est partie*

Vous ne me répondez point, Madame ?

ARAMINTE

Il peut venir.

Scène 12

DORANTE, ARAMINTE

ARAMINTE

Approchez, Dorante.

DORANTE

Je n'ose presque paraître devant vous.

ARAMINTE, *à part*

Ah! je n'ai guère plus d'assurance que lui. *(Haut.)* Pourquoi vouloir me rendre compte de mes papiers? Je m'en[1] fie bien à vous. Ce n'est pas là-dessus que j'aurai à me plaindre.

DORANTE

Madame... j'ai autre chose à dire... je suis si interdit, si tremblant que je ne saurais parler.

ARAMINTE, *à part, avec émotion*

Ah! que je crains la fin de tout ceci!

DORANTE, *ému*

Un de vos fermiers est venu tantôt, Madame.

ARAMINTE, *émue*

Un de mes fermiers!... cela se peut bien.

DORANTE

Oui, Madame... il est venu.

ARAMINTE, *toujours émue*

Je n'en doute pas.

DORANTE, *ému*

Et j'ai de l'argent à vous remettre.

ARAMINTE

Ah! de l'argent... nous verrons.

DORANTE

Quand il vous plaira, Madame, de le recevoir.

---

1. Sur ce point.

ARAMINTE

Oui… je le recevrai… vous me le donnerez. *(À part.)* Je ne sais ce que je lui réponds.

DORANTE

Ne serait-il pas temps de vous l'apporter ce soir ou demain, Madame ?

ARAMINTE

Demain, dites-vous ! Comment vous garder jusque-là, après ce qui est arrivé ?

DORANTE, *plaintivement*

De tout le temps de ma vie que je vais passer loin de vous, je n'aurais plus que ce seul jour qui m'en serait précieux.

ARAMINTE

Il n'y a pas moyen, Dorante ; il faut se quitter. On sait que vous m'aimez, et l'on croirait que je n'en suis pas fâchée.

DORANTE

Hélas ! Madame, que je vais être à plaindre !

ARAMINTE

Ah ! allez, Dorante, chacun a ses chagrins.

DORANTE

J'ai tout perdu ! J'avais un portrait, et je ne l'ai plus.

ARAMINTE

À quoi vous sert de l'avoir ? vous savez peindre.

DORANTE

Je ne pourrai de longtemps m'en dédommager. D'ailleurs, celui-ci m'aurait été bien cher ! Il a été entre vos mains, Madame.

ARAMINTE

Mais vous n'êtes pas raisonnable.

DORANTE

Ah ! Madame, je vais être éloigné de vous. Vous serez assez vengée. N'ajoutez rien à ma douleur.

ARAMINTE

Vous donner mon portrait ! songez-vous que ce serait avouer que je vous aime ?

DORANTE

Que vous m'aimez, Madame ! Quelle idée ! qui pourrait se l'imaginer ?

ARAMINTE, *d'un ton vif et naïf*

Et voilà pourtant ce qui m'arrive.

DORANTE, *se jetant à ses genoux*

Je me meurs !

ARAMINTE

Je ne sais plus où je suis. Modérez votre joie : levez-vous, Dorante.

DORANTE *se lève, et dit tendrement*

Je ne la mérite pas. Cette joie me transporte. Je ne la mérite pas, Madame. Vous allez me l'ôter, mais n'importe, il faut que vous soyez instruite.

ARAMINTE, *étonnée*

Comment ! que voulez-vous dire ?

DORANTE

Dans tout ce qui s'est passé chez vous, il n'y a rien de vrai que ma passion qui est infinie, et que le portrait que j'ai fait. Tous les incidents qui sont arrivés partent de l'industrie[1] d'un domestique qui savait mon amour, qui m'en plaint, qui par le charme de l'espérance, du plaisir de vous voir, m'a pour ainsi dire forcé de consentir à son stratagème ; il voulait me faire valoir auprès de vous. Voilà, Madame, ce que mon respect, mon amour et mon caractère ne me permettent pas de vous cacher. J'aime encore mieux regretter votre tendresse que de la devoir à l'artifice qui me l'a acquise ; j'aime mieux votre haine que le remords d'avoir trompé ce que j'adore.

ARAMINTE, *le regardant quelque temps sans parler*

Si j'apprenais cela d'un autre que de vous, je vous haïrais sans doute ; mais l'aveu que vous m'en faites vous-même, dans un moment comme celui-ci, change tout. Ce trait de sincérité me charme, me paraît incroyable, et vous êtes le plus honnête homme du monde. Après tout, puisque vous m'aimez véritablement, ce que vous avez fait pour gagner mon cœur n'est point blâmable : il est permis à un amant de chercher les moyens de plaire, et on doit lui pardonner lorsqu'il a réussi.

DORANTE

Quoi ! la charmante Araminte daigne me justifier !

ARAMINTE

Voici le Comte avec ma mère, ne dites mot, et laissez-moi parler.

Scène 13

DORANTE, ARAMINTE, LE COMTE, MADAME ARGANTE, DUBOIS, ARLEQUIN

MADAME ARGANTE, *voyant Dorante*

Quoi ! le voilà encore !

1. Habileté.

ARAMINTE, *froidement*

Oui, ma mère. *(Au Comte.)* Monsieur le Comte, il était question de mariage entre vous et moi, et il n'y faut plus penser : vous méritez qu'on vous aime ; mon cœur n'est point en état de vous rendre justice, et je ne suis pas d'un rang qui vous convienne.

MADAME ARGANTE

Quoi donc ! que signifie ce discours ?

LE COMTE

Je vous entends, Madame, et sans l'avoir dit à Madame *(montrant Madame Argante)* je songeais à me retirer ; j'ai deviné tout ; Dorante n'est venu chez vous qu'à cause qu'il vous aimait ; il vous a plu ; vous voulez lui faire sa fortune* : voilà tout ce que vous alliez dire.

ARAMINTE

Je n'ai rien à ajouter.

MADAME ARGANTE, *outrée*

La fortune à cet homme-là !

LE COMTE, *tristement*

Il n'y a plus que notre discussion, que nous réglerons à l'amiable ; j'ai dit que je ne plaiderais point, et je tiendrai parole.

ARAMINTE

Vous êtes bien généreux ; envoyez-moi quelqu'un qui en décide, et ce sera assez.

MADAME ARGANTE

Ah ! la belle chute[1] ! ah ! ce maudit intendant ! Qu'il soit votre mari tant qu'il vous plaira ; mais il ne sera jamais mon gendre.

---

1. Le beau dénouement.

ARAMINTE

Laissons passer sa colère, et finissons.

Ils sortent.

DUBOIS

Ouf ! ma gloire m'accable ; je mériterais bien d'appeler cette femme-là ma bru.

ARLEQUIN

Pardi, nous nous soucions bien de ton tableau à présent ; l'original nous en fournira bien d'autres copies[1].

---

1. Les deux dernières répliques de Dubois et d'Arlequin furent longtemps supprimées dans les représentations de la pièce à la Comédie-Française.

DOSSIER

1 — *Le théâtre à Paris en 1737*

Le théâtre constitue au XVIIIe siècle le divertissement privilégié de ceux que l'on appelle alors les gens de qualité, un élément important de leur existence sociale, de leur vie mondaine.

THÉÂTRE ET SOCIÉTÉ

Dans la scène 14 de l'acte I, Dubois fait à Araminte la confidence de l'amour que Dorante porte à la jeune veuve. Racontant comment ce dernier est tombé amoureux, il décrit ainsi l'enchaînement fatal des événements :

> Hélas ! Madame, ce fut un jour que vous sortîtes de l'Opéra qu'il perdit la raison ; [...] dès le lendemain nous ne fîmes plus tous deux, lui, que rêver à vous, que vous aimer ; moi, d'épier depuis le matin jusqu'au soir où vous alliez. [...] Je me fis même ami d'un de vos gens qui n'y est plus, un garçon fort exact, et qui m'instruisait, et à qui je payais bouteille. C'est à la Comédie qu'on va, me disait-il.

Le monde dans lequel vivent Araminte et Dorante est un monde où le théâtre appartient à la vie quotidienne. On s'éprend de l'autre alors qu'il sort de l'Opéra, on le guette lorsqu'il se rend à la Comédie-Française, pratiques qui reflètent les habitudes de Marivaux et de ses contemporains, nobles ou riches bourgeois, gens de robe, écrivains ou artistes. Depuis les années 1715, sous la régence de Philippe d'Orléans et à partir du règne de Louis XV, il existe à Paris une intense activité théâtrale. Celle-ci se déploie à la fois dans le théâtre privé, qui se pratique à la cour ou dans les demeures de riches particuliers, et dans les trois établissements qui représentent alors le théâtre public : l'Opéra, la Comédie-Française, le Théâtre-Italien. Enfin, on la retrouve également, en marge du théâtre officiel, à la Foire où, malgré procès et interdictions, de nombreuses troupes présentent des spectacles qui attirent un public toujours plus nombreux.

LE RÉGIME DES PRIVILÈGES

La législation des Privilèges en vigueur sous l'Ancien Régime impose en effet un cadre très strict à la pratique théâtrale et délimite avec rigueur le paysage officiel du théâtre à Paris. L'Opéra possède seul le privilège de représenter les pièces lyriques, la Comédie-Française de faire jouer tragédies et comédies. Défense est faite à toute autre troupe française de s'installer dans la capitale et ses faubourgs pour reprendre le même répertoire. Seuls les Comédiens-Italiens ne sont pas en cause, puisqu'ils sont censés jouer dans leur langue des pièces appartenant à la tradition de la *commedia dell'arte*[1].

Dès lors, l'existence et le fonctionnement des petits théâtres de la Foire, soumis à des tolérances et autorisations précaires, ne peuvent qu'être mouvementés et agités. Deux foires se tiennent à Paris annuellement : la Foire Saint-Germain, du 3 février à la fin mars, la Foire Saint-Laurent, de juillet à la fin septembre. En réalité, la durée de ces manifestations ira en s'allongeant au fil des années, et la Foire Saint-Germain en particulier s'étend

1. La *commedia dell'arte* (ou *commedia all'improviso* : comédie à l'impromptu ; ou encore *commedia a soggeto* : comédie à canevas) est un genre théâtral populaire apparu en Italie au XVIe siècle. Jouée par des troupes de métier, elle est construite à partir de canevas traditionnels développés par des jeux de scène nés de l'improvisation, verbale ou mimée (*lazzi*). Elle repose sur des personnages-types (maîtres ou valets), identifiables à leurs costumes et à leurs masques, tel Arlequin.

sur plusieurs mois dès le début du XVIIIe siècle. Ces foires, dont l'origine remonte au Moyen Âge, ont peu à peu intégré à leurs activités commerciales des divertissements très variés, acrobates, danseurs de corde ou montreurs d'animaux savants s'y installant en même temps que des troupes de théâtre. En 1706, il existe ainsi sept théâtres à la Foire Saint-Germain, qui présentent comédies et farces, le plus souvent dans le style de la *commedia dell'arte*, enrichies de traits parodiques visant les pièces jouées à la Comédie-Française. Les représentations, qui ont lieu en journée comme en soirée dans des loges de mieux en mieux équipées et aménagées, remportent un grand succès auprès du public, provoquant ainsi la colère des Comédiens-Français. Ces derniers ne cessent d'intenter des procès aux troupes de la Foire, ce qui conduit d'une part à des interdictions successives, d'autre part à une inventivité étonnante du côté des Forains, contraints pour subsister de trouver toujours de nouvelles formes dramaturgiques : jeu sans paroles et avec voix *off*, dialogues chantés, mimes commentés, textes sur banderoles… De cette prodigieuse théâtralité protéiforme naîtra notamment l'Opéra-Comique. De nombreux écrivains dramatiques, dont Marivaux, se sont inspirés du théâtre de la Foire[1].

LE RÈGNE DE LA COMÉDIE-FRANÇAISE

Des trois théâtres officiels à Paris en 1737, deux sont donc consacrés à l'art dramatique, la Comédie-Française

1. Le plus grand auteur de théâtre forain est Alain René Lesage qui, de 1712 à 1738, n'écrit pas moins de 95 pièces pour la Foire, seul ou en collaboration. Parmi ces pièces, beaucoup mettent en scène le personnage d'Arlequin, confronté aux situations les plus diverses, aux péripéties les plus cocasses : *Arlequin roi de Sérendib*, *Arlequin invisible*, *Arlequin Hulla*, *Arlequin roi des Ogres ou les Bottes de sept lieues*, *La Tête noire…*

et le Théâtre-Italien. Fondée en 1680 sur ordre de Louis XIV à partir de la fusion des comédiens appartenant à l'ancienne troupe de Molière, des comédiens de l'Hôtel de Bourgogne et de ceux du Marais, la Comédie-Française est l'héritière des principaux théâtres de comédie et de tragédie du siècle précédent. Installée provisoirement dans la salle du théâtre Guénégaud lors de sa fondation, elle occupe depuis 1689 le théâtre dit aujourd'hui de l'Ancienne-Comédie, construit pour elle par François d'Orbay sur l'emplacement du Jeu de Paume de l'Étoile. Au XVIIIe siècle, les Comédiens-Français ont déjà pour rôle de représenter un répertoire composé des œuvres les plus reconnues du siècle précédent, au premier rang desquelles les pièces de Racine, de Corneille et de Molière. La Comédie-Française s'institue dès lors comme le conservatoire et le temple du théâtre littéraire français. Certes, sa mission est également de créer des œuvres nouvelles, mais les critères de choix demeurent très classiques et orientés vers le genre noble de la tragédie. Pourtant, la Comédie-Française est en 1737, comme pendant tout le XVIIIe siècle, c'est-à-dire jusqu'à la Révolution, le seul théâtre (ou presque) où peut et doit avoir lieu la création d'une œuvre dramatique, tragédie ou comédie.

Lorsqu'un écrivain souhaite faire représenter l'une de ses pièces, il n'a guère d'autre choix que de la porter aux Comédiens-Français afin de la soumettre à leur lecture et à leur décision. En cas de refus, elle est pratiquement condamnée à l'oubli ou à la disparition. À la rigueur, les pièces refusées seront lues ou représentées en privé, parfois jouées en province, mais elles ne seront pas reconnues de façon officielle et publique dans la capitale. Les écrivains du siècle des Lumières se voient ainsi souvent contraints d'attendre le bon vouloir des Comédiens-Français, ou de passer par des théâtres plus éloignés. Dans les années 1750, Diderot devra attendre plus de dix ans avant que *Le Fils naturel* soit joué à la Comédie-

Française : écrit et publié en 1757, le premier des drames bourgeois n'y sera représenté qu'en 1771. Quant au *Père de famille*, second drame de Diderot publié en 1758, ce n'est qu'après plusieurs représentations en province qu'il est joué à Paris en 1761.

Le Théâtre-Italien

En ce qui concerne la comédie, il existe cependant une alternative. Pour peu que l'on veuille bien introduire dans le texte de la pièce quelques personnages, quelques marques dramaturgiques relevant de l'inspiration italienne – Arlequin par exemple –, le Théâtre-Italien est l'autre institution théâtrale à Paris susceptible de créer de nouvelles œuvres dramatiques. La présence de comédiens italiens à Paris est une tradition très ancienne, inaugurée par les troupes de *commedia dell'arte* appelées dans la capitale par les reines italiennes, Catherine puis Marie de Médicis. Elle sera pérennisée ensuite par l'installation, sous le règne de Louis XIV, d'une troupe italienne, qui joue en alternance avec la troupe de Molière dans la salle du Petit-Bourbon. Cette salle étant démolie en 1660, les Italiens s'installent au Palais-Royal, puis en 1680 à l'Hôtel de Bourgogne, avant d'être expulsés en 1697, pour s'être moqués de Mme de Maintenon [1] en donnant une pièce malicieusement intitulée *La Fausse Prude*.

En 1737, il s'agit donc d'un nouveau Théâtre-Italien, installé dans la capitale depuis une vingtaine d'années. Luigi Riccoboni et sa troupe sont arrivés à Paris en 1716, après que la mort de Louis XIV et l'avènement du Régent ont permis à des comédiens italiens de revenir jouer en France. À l'instar du premier Théâtre-Italien, ils ont pris possession de la très ancienne salle de l'Hôtel de

1. L'épouse morganatique de Louis XIV, Françoise d'Aubigné, marquise de Maintenon (1635-1719), était réputée pour son austérité pieuse.

Bourgogne[1]. C'est en 1720 qu'ont lieu les véritables débuts de la longue collaboration de Marivaux et du Théâtre-Italien, avec la création en mars de *L'Amour et la Vérité*, puis en octobre d'*Arlequin poli par l'amour.* Dès ce moment, la plupart des comédies marivaudiennes sont créées et jouées par Luigi Riccoboni (sous le nom de Lélio) et ses acteurs, le plus souvent membres de sa famille[2] : sa femme Elena (Flaminia), son fils François, son beau-frère Joseph Baletti (Mario), Tomasso Vicentini, dit Thomassin (Arlequin), Violette (la femme de Thomassin), Antoine Romagnesi, entré dans la troupe en 1725, Gianetta Benozzi, dite Silvia, qui épouse Baletti en 1721. Les traits des personnages marivaudiens se sont ainsi modelés en fonction des principaux interprètes et des personnages-types du nouveau Théâtre-Italien, dont ils ont souvent adopté les noms, le caractère, les manières, la grâce et la fraîcheur de jeu. À l'inverse, le répertoire des Italiens s'est peu à peu francisé, tandis que s'effaçaient progressivement les traditionnelles distinctions du jeu à l'italienne. Costumes caricaturaux, masques et gestuelle grossière disparaissent. De nouveaux valets font leur apparition, moins comiques, plus proches des rôles sérieux : Trivelin par exemple, ou le Dubois des *Fausses Confidences.* Seul Arlequin garde son masque noir et son habit bariolé. De toutes les conventions de l'ancienne comédie à l'italienne, Marivaux ne conserve en définitive que ce personnage-là. Encore s'agit-il d'un Arlequin qui a beaucoup évolué, qui s'est en quelque sorte civilisé. Le valet brutal et glouton est devenu un serviteur naïf, ignorant, toujours tenté par l'appât du gain mais avec davantage de finesse innocente

1. Construit en 1548 par les Confrères de la Passion, l'Hôtel de Bourgogne fut la première salle de théâtre permanente de Paris et de France. Il était situé rue Mauconseil (actuelle rue Étienne-Marcel), dans le quartier du Marais. Réaménagé à de nombreuses reprises, il subsista jusqu'en 1783.

2. Comme le veut la tradition des troupes de *commedia dell'arte.*

et de simple malice. Réputé pour les nuances de son jeu comique et son exceptionnelle agilité, Tomasso Vicentini (Thomassin) a ainsi permis à Marivaux d'imprimer toutes sortes de nouvelles facettes au personnage d'Arlequin dans la vingtaine de comédies qu'il a écrites entre 1720 et 1737. Jusqu'à en faire l'un des personnages clés de *La Double Inconstance* (1723) ou de *L'Île des esclaves* (1725). En 1737 cependant, Thomassin ne ressemble plus au comédien acrobate des années 1720. Il est vieilli, souffrant, et son personnage d'Arlequin en est d'autant diminué dans *Les Fausses Confidences*, où il n'apparaît que brièvement, comme l'ombre de lui-même. Thomassin mourra deux ans plus tard, en 1739 : à compter de cette date, Arlequin disparaît des comédies de Marivaux.

2 — *Marivaudage et langage*

LE MARIVAUDAGE EN QUESTION

Le substantif « marivaudage » et le verbe qui lui correspond (« marivauder ») apparaissent dans les années 1760, au détour de critiques adressées à Marivaux par ses contemporains, commentaires péjoratifs qui se poursuivront tout au long du siècle. Voltaire, Palissot, d'Alembert lui reprochent pêle-mêle d'écrire des comédies trop abstraites, trop spirituelles, trop recherchées. D'Alembert lui fait ainsi grief de prêter à ses personnages une langue unique, indifférenciée, qui ne reflète pas les registres propres à leur condition sociale (*Éloge de Marivaux*, prononcé en 1763) :

> Le style peu naturel et affecté de ses comédies a essuyé plus de critiques que le fond des pièces mêmes, et avec d'autant plus de justice, que ce singulier jargon, tout à la fois précieux et familier, recherché et monotone, est, sans exception, celui de tous ses personnages, de quelque état qu'ils puissent être, depuis les marquis jusqu'aux paysans, depuis les maîtres jusqu'aux valets.

D'autres encore, tel Palissot (*Nécrologie des hommes célèbres de la France*, 1775), soulignent le caractère affecté, factice, de son écriture :

> Quoi qu'il en soit, le goût pour l'affectation subsista toujours dans M. de Marivaux. Il avait un faible pour les précieuses.

Certains enfin reconnaissent la nouveauté des « grâces bourgeoises » inventées par Marivaux et interprétées avec talent par les Comédiens-Italiens. Jean Auguste Jullien, dit Desboulmiers, rend particulièrement hommage à la belle Silvia (*Histoire anecdotique et raisonnée du Théâtre-Italien depuis son rétablissement en France jusqu'à l'année 1769*, 1769) :

> Personne n'entendait mieux que cette Actrice l'art des grâces bourgeoises, et ne rendait mieux qu'elle le tatillonnage, les mièvreries, le marivaudage ; tous mots qui ne signifiaient rien avant M. de Marivaux, et auxquels son style a donné naissance.

Voltaire, qui avait dans *Le Temple du goût* en 1733 qualifié le théâtre de Marivaux de « métaphysique », devait par la suite atténuer ses réserves tout en les précisant. Dans une lettre de février 1736 adressée à Berger, il explique :

> Je lui reprocherai au contraire de trop détailler les passions et de manquer quelquefois le chemin du cœur, en prenant des routes un peu trop détournées. J'aime d'autant plus son esprit que je le prierais de le moins prodiguer. Il ne faut point qu'un personnage de comédie songe à être spirituel, il faut qu'il soit plaisant malgré lui et sans croire l'être. C'est la différence qui doit être entre la comédie et le simple dialogue[1].

Comme d'Alembert ou Voltaire le démontrent dans leurs remarques, l'affectation, le « tatillonnage » à l'œuvre dans les comédies marivaudiennes concernent essentiellement le langage, la façon de s'en servir et de l'attribuer également aux différents personnages des pièces. Ce qui est en question, c'est bien le « jargon » des personnages, le « dialogue ».

1. Les griefs des contemporains de Marivaux convergent ainsi vers la même idée : les personnages de ses pièces ont beau être des types (le valet, la veuve, le prétendant, etc.), ils forment une polyphonie qui n'est qu'apparente ; c'est le langage qui est véritablement le principal protagoniste de ce théâtre, personnage protéiforme, certes, mais accusant toujours les mêmes caractéristiques, les mêmes idiosyncrasies.

La nouvelle préciosité et l'art de la conversation

Le terme « marivaudage » renvoie donc essentiellement à un art du langage, une élégance de la conversation, qui ne peuvent se comprendre que dans le cadre de la nouvelle préciosité et le monde des salons que pratiquait Marivaux. C'est ce qu'explique Frédéric Deloffre :

> Pour qu'une telle conception prît naissance, il fallait qu'un faisceau de conditions fussent réunies : existence d'une société susceptible de fournir des modèles, puis d'apprécier les résultats, d'un écrivain versé dans cette société et ayant le goût de la parole, d'interprètes capables de donner un air spontané au procédé. La fréquentation de Marivaux chez Mmes de Lambert ou de Tencin, la rencontre qu'il fit de comédiens habitués au jeu impromptu fournirent cette heureuse conjonction, et le marivaudage fait survivre un art de la conversation tel qu'il n'en avait peut-être jamais existé[1].

Il faut lire Marivaux dans le contexte de cette seconde préciosité à la mode à Paris dans les années 1720-1730, qui ressemble à la première préciosité, celle qui a vu le jour, au siècle précédent, dans le salon de Mme de Rambouillet[2] : même recherche de ce qui donne de la valeur au langage, même pratique subtile de la conversation. Sur un mode plus léger et plus spirituel qu'au XVIIe siècle, les tenants de la nouvelle préciosité – Marivaux, Fontenelle, La Motte – recourent à une langue qui présente de nombreuses caractéristiques communes : mélange des tons, jeux de mots, métaphores filées, que

1. Frédéric Deloffre, *Une préciosité nouvelle : Marivaux ou le Marivaudage* [1955], Armand Colin, 1971, p. 500.
2. Catherine de Vivonne, marquise de Rambouillet, ouvre son hôtel en 1618. Elle y reçoit la fine fleur de l'aristocratie et les écrivains les plus importants de l'époque : Boisrobert, Voiture, Ménage… Son salon, où s'épanouit l'art de la conversation et le goût du divertissement mondain, ne décline qu'après la Fronde, cependant que d'autres cercles se créent, autour de Ninon de Lenclos, Madeleine de Scudéry et Mme Fouquet.

l'on retrouve ainsi dans les comédies de Marivaux. Il y a par exemple dans *Les Fausses Confidences* une syntaxe particulière, accumulant les propositions juxtaposées dans de longues phrases, suivies de complétives, finissant ou non par un subjonctif. Ainsi dans la scène 2 de l'acte I, scène d'exposition au cours de laquelle Dorante et Dubois manient avec habileté la langue de la conversation en usage dans les salons du XVIIIe siècle :

> DORANTE. […] Je n'en suis pourtant pas moins sensible à ta bonne volonté, Dubois ; tu m'as servi, je n'ai pu te garder, je n'ai pu même te bien récompenser de ton zèle ; malgré cela, il t'est venu dans l'esprit de faire ma fortune ! en vérité, il n'est point de reconnaissance que je ne te doive.
> DUBOIS. Laissons cela, Monsieur ; tenez, en un mot, je suis content de vous ; vous m'avez toujours plu ; vous êtes un excellent homme, un homme que j'aime ; et si j'avais bien de l'argent, il serait encore à votre service.

Dans cette même scène, on trouve un peu plus loin une réplique de Dubois, structurée de façon similaire, qui amène un jeu sur le mot « mine [1] », bientôt repris et filé avec l'exploitation humoristique du champ lexical de « grand » et de « taille », le tout aboutissant à une image d'intimité assez audacieuse :

> DUBOIS. Point de bien ! votre bonne mine est un Pérou ! Tournez-vous un peu, que je vous considère encore ; allons, Monsieur, vous vous moquez, il n'y a point de plus grand seigneur que vous à Paris : voilà une taille qui vaut toutes les dignités possibles, et notre affaire est infaillible, absolument infaillible ; il me semble que je vous vois déjà en déshabillé dans l'appartement de Madame.

Les emplois ludiques de termes désignant l'apparence et le physique de Dorante reviennent ensuite tout au long de la pièce : sa taille, sa mine, sa figure font l'objet de

1. Le mot « mine » a précisément été mis à la mode par les précieuses, au siècle précédent, pour désigner aussi bien le visage que la tournure ou la prestance.

variations sémantiques d'une virtuosité d'autant plus ironique que ce sont bien là en effet les seules armes dont il dispose pour séduire Araminte. L'art exquis du langage précieux exprime en réalité, par l'audace de la syntaxe, du sens ou des sens attribués aux mots, le cynisme d'une situation sentimentale pour le moins ambiguë. Le marivaudage est bien ici au service d'une « machine matrimoniale ». Pour reprendre la formule « chimique » de Michel Deguy, il faut alors entendre « l'équivalence marivaudage = mariage de rivaux[1] ».

L'AVENTURE DU LANGAGE

Tout entier, le théâtre marivaudien est sous le signe du langage et de ses subtilités. Langage qui ne vaut que par lui-même et pour lui-même, n'ayant pour seul référent que lui-même. Comme le souligne encore Michel Deguy, « le bien parler et le parler vrai, confondus dans les propos, ne peuvent pas être dissociés[2] ». Peu importe en définitive que Dubois se livre à de fausses confidences, pourvu qu'elles soient bien dites et ses contes bien composés, que Dorante mente effrontément lorsqu'il parle de son amour à Araminte, pourvu qu'il en parle bien : « il est permis à un amant de chercher les moyens de plaire, et on doit lui pardonner lorsqu'il a réussi » (III, 12). L'amour se cherche et se conquiert à travers l'épreuve des mots. L'éducation sentimentale des protagonistes s'accomplit par l'apprentissage du subtil agencement des phrases et des rythmes, l'initiation à la très savante ambiguïté du lexique. Comme le déclare la Comtesse de *La Fausse Suivante* : « Je ne savais pas la différence entre connaître et sentir. » Il s'agit pour les personnages

1. Michel Deguy, *La Machine matrimoniale ou Marivaux* [1981], Tel-Gallimard, 1986, p. 29.
2. *Ibid.*, p. 22.

marivaudiens de reconnaître et surtout de dépasser cette ignorance-là, sous peine de passer à côté de la fortune et de l'amour. De ressembler tout simplement à ce benêt d'Arlequin qui, dans *Les Fausses Confidences* (I, 8), ne comprend pas, ne comprend plus le sens des mots, tels que les emploie Araminte :

> ARAMINTE. Arlequin, vous êtes à présent à Monsieur ; vous le servirez ; je vous donne à lui.
> ARLEQUIN. Comment, Madame, vous me donnez à lui ! Est-ce que je ne serai plus à moi ? Ma personne ne m'appartiendra donc plus ?
> MARTON. Quel benêt !

À travers les aléas de la conversation, la leçon est dure et elle est double. La méprise d'Arlequin le désigne certes comme un sot, mais elle met aussi en relief une société dans laquelle on peut ne pas « s'appartenir ». L'ambiguïté des mots détermine non seulement les règles du jeu amoureux mais aussi celles de la comédie sociale.

3 — *Parole, vérité et mensonge dans* Les Fausses Confidences

Le titre de la pièce, *Les Fausses Confidences*, est en lui-même la promesse d'une réflexion sur les pouvoirs de la parole mensongère. Dubois est bien sûr le maître des fausses confidences, qu'il répand tout au long des trois actes de la comédie. Mais il n'est pas le seul à mentir, loin s'en faut : la plupart des autres personnages, même s'ils le font avec moins de virtuosité et surtout moins de réussite, mentent également pour les besoins de leur cause. La sincérité des échanges, dans la maison de Madame Argante, s'en trouve considérablement mise à mal : Monsieur Remy prétend que Dorante n'a pas attendu d'être l'intendant d'Araminte pour trouver Marton fort jolie (I, 4), Madame Argante invite Dorante à dire à sa fille que, dans le différend juridique qui l'oppose au Comte, « son droit est le moins bon » (I, 10), Araminte elle-même tend un « piège » à Dorante en lui faisant croire qu'elle est décidée à épouser le Comte (II, 13). Et la liste n'est pas exhaustive. Or, dans ce contexte de mensonge généralisé, où la manipulation tend à remplacer la parole sincère aussi implacablement que la fausse monnaie chasse la bonne, les confidences de Dubois à Araminte n'apparaissent pas, quand on examine de près leur contenu, comme un pur tissu de mensonges. Pourtant, ces « fausses confidences » qui donnent son titre à la pièce sont bien en premier lieu celles de Dubois. C'est que la question de la vérité et du mensonge est aussi celle de la spontanéité et de la préméditation, du premier mouvement et du stratagème : il ne suffit pas qu'une confidence soit vraie pour qu'elle ne soit pas fausse.

QU'EST-CE QU'UNE FAUSSE CONFIDENCE ?

FONCTION DRAMATURGIQUE DE LA CONFIDENCE

Au théâtre, la confidence a généralement pour double fonction d'exposer les données essentielles de l'intrigue et d'ouvrir une voie d'accès à l'intériorité du personnage. Aussi apparaît-elle souvent comme une alternative, à la fois plus naturelle et plus dynamique, au monologue. Le personnage qui se confie, débordé par sa passion, s'adresse autant à lui-même qu'à son confident. C'est ainsi que dans *Britannicus* de Racine (1669), Narcisse, dans la grande scène au cours de laquelle Néron lui avoue son amour pour Junie, est pour ainsi dire réduit au rôle de simple oreille attentive :

NÉRON

Narcisse, c'est en fait, Néron est amoureux.

NARCISSE

Vous ?

NÉRON

Depuis un moment, mais pour toute ma vie,
J'aime, que dis-je, aimer ? j'idolâtre Junie[1].

S'ensuit, après ce bref échange, une tirade magnifique dans laquelle Néron évoque complaisamment son amour : sa parole cesse alors d'être véritablement adressée à son confident Narcisse, et la tirade se fait presque monologue. Or le cas de Néron n'est pas isolé : c'est une tendance générale du personnage qui se confie que de prendre plaisir à (se) parler de son amour. Dans la tragé-

1. Racine, *Britannicus*, acte II, scène 2, v. 382-384.

die comme dans la comédie, le confident est une oreille auprès de laquelle il est bon de s'épancher.

La confidence, cependant, peut avoir une fonction dramaturgique qui excède la simple exposition de l'intrigue ou le pur moment de stase esthétique. C'est par exemple le cas dans *L'École des femmes* (1662) : dans cette comédie de « la confidence perpétuelle [1] », Molière utilise le ressort de la *confidence malavisée* [2]. Quand Horace rencontre par hasard son ami Arnolphe, il ne peut s'empêcher de lui parler de l'heureuse rencontre qu'il a faite récemment et qui le bouleverse :

> À ne vous rien cacher de la vérité pure,
> J'ai d'amour en ces lieux eu certaine aventure,
> Et l'amitié m'oblige à vous en faire part [3].

L'ironie de la situation veut cependant qu'Horace choisisse comme confident de son amour pour Agnès la personne la moins indiquée : Arnolphe se trouve être précisément le tuteur de la jeune fille, qu'il a pris soin d'élever dans la plus grande des ignorances afin – telle est sa chimère – d'épouser en elle une femme docile et soumise. Une telle situation trouve un écho dans *Les Fausses Confidences* dans la mesure où les confidences d'Horace à Arnolphe sont, de même, le principal ressort dramaturgique de la pièce : ce sont elles qui font progresser l'action.

---

1. Selon le personnage d'Uranie dans *La Critique de l'École des femmes* (1663), scène 6.
2. L'intrigue de *La Fausse Suivante* (1724) de Marivaux fournit un autre exemple de ce procédé : le fourbe Lélio choisit, par malchance pour lui, de faire confidence de ses projets à la femme – déguisée en Chevalier – qu'il est censé épouser. Sur la notion de « confidence malavisée », voir P. Dandrey, « Structures et espaces de la communication dans *L'École des femmes* », *Littérature*, n° 63, 1986, p. 65-89.
3. Molière, *L'École des femmes*, acte I, scène 4, v. 303-305.

LA PAROLE MANIPULATRICE

Il existe cependant une différence essentielle entre la pièce de Molière et celle de Marivaux : alors que c'est fortuitement qu'Arnolphe devient le confident d'Horace, c'est en fonction d'un dessein parfaitement médité que Dubois se confie à Araminte. Horace *s'épanche* ainsi auprès de celui que le hasard lui a donné pour confident, tandis que Dubois *répand*, sème les confidences dans l'oreille de celle qui l'écoute, dans le but de féconder son imagination – d'un côté, la fougue bavarde d'un amoureux ; de l'autre, la rouerie experte d'un valet.

Pourtant, et ce n'est pas là le moindre des paradoxes de la pièce de Marivaux, le personnage de Dubois n'est pas ce que l'on pourrait appeler un menteur invétéré : dans ses deux grandes scènes de confidences avec Araminte (I, 14 et II, 12), il ne fait rien d'autre que révéler l'amour fou de son ancien maître pour elle, ce qui, sauf à prendre le parti d'une lecture radicalement cynique de la pièce, n'est nullement un mensonge. Si les confidences de Dubois peuvent être qualifiées de « fausses confidences », ce n'est donc pas tant parce qu'elles sont mensongères que parce qu'elles visent sans le dire à *transformer* la disposition d'esprit de celui qui les écoute. Ce qui définit la fausse confidence est moins un rapport de la parole au vrai ou au faux qu'un certain usage de celle-ci à des fins de manipulation : l'autre est visé comme une « cible [1] ».

---

1. Nous empruntons ce terme à Jean Rousset, qui l'emploie dans un développement sur la lettre envisagée comme instrument de maîtrise et de manipulation des libertins. Ce que dit Rousset de la pratique épistolaire des roués convient en effet admirablement bien pour caractériser la logique de la fausse confidence : « C'est que chaque lettre est si bien adressée à quelqu'un, tellement composée à la mesure de ce destinataire et de sa situation actuelle, que ce destinataire est dans la lettre qu'il va recevoir autant que dans celle qu'il écrira. [...] S'il est des gens qui, telle Cécile Volanges, ignoreraient ce principe de l'art épistolaire, personne n'est mieux placé pour le leur rappeler que Mme de Merteuil : "quand vous écrivez à quelqu'un, c'est pour lui et non pas pour vous : vous devez donc moins chercher à lui dire ce que vous pensez, que ce

Que Dubois dise la vérité ou qu'il mente – ce qui lui arrive malgré tout à plusieurs reprises –, il est rarissime dans la pièce que sa parole n'ait pas pour but de déstabiliser son interlocuteur, de l'ébranler, de l'embarrasser. L'aparté d'Araminte qui fait immédiatement suite au premier de ses deux longs entretiens avec Dubois est à cet égard éloquent : « La vérité est que voici une confidence dont je me serais bien passée moi-même » (I, 15)[1]. Il y a ainsi dans la fausse confidence telle que la pratique Dubois quelque chose qui est de l'ordre de l'insinuation perfide ayant vocation à susciter chez l'autre des pensées dont il ne pourra plus se défaire. Du point de vue de ses mécanismes (et non de son axiologie), un tel usage de la parole n'est finalement pas très éloigné de celui de la calomnie : les fausses confidences semées par Dubois peuvent être considérées comme le pendant comique de ce qui, dans la tragédie, correspondrait par exemple aux insinuations de Iago auprès d'Othello à propos de l'infidélité de Desdémone dans *Othello* de Shakespeare (1604).

L'usage de la parole comme moyen de manipuler autrui ne se limite d'ailleurs pas aux confidences *stricto sensu* : c'est pour Dubois une habitude que de parler non pas en fonction de ce qu'il souhaite dire, mais en fonction de l'effet qu'il veut produire chez celui qui l'écoute – ce qui,

qui lui plaît davantage" (lettre 105). Ce qui signifie que l'on doit surtout dire ce que l'on ne pense pas. Plus encore qu'un moyen d'échange, la lettre est ici un moyen d'action, qui vise le destinataire comme une cible » (*Forme et signification. Essai sur les structures littéraires de Corneille à Claudel*, José Corti, 1962, p. 95).

1. Ce genre d'aparté dans la bouche d'un personnage ébranlé par ce qu'il entend est assez fréquent dans le théâtre de Marivaux, comme en témoigne par exemple la réaction de Silvia face aux déclarations du prétendu Bourguignon dans *Le Jeu de l'amour et du hasard* : « J'ai besoin à tout moment d'oublier que je l'écoute » (II, 9). Mais il existe une différence essentielle entre Bourguignon *alias* Dorante et Dubois : le premier se rend à peine compte de ce qu'il dit, tandis que le second parle précisément pour susciter le trouble chez son interlocuteur.

du reste, n'exclut pas une certaine jubilation verbale. Dorante, même si c'est dans une bien moindre mesure qu'Araminte, est lui aussi la cible de la parole manipulatrice du valet. Ainsi, quand ce dernier lui dit qu'il le voit déjà « en déshabillé dans l'appartement de Madame » (I, 2), rien n'interdit de penser qu'il suscite cette vision audacieusement érotique pour attiser le désir de son ancien maître, qui est sans doute un peu trop velléitaire à son goût. Toute parole, pour Dubois, est donc pensée comme un instrument permettant une action sur autrui. Même la parole spontanée, selon cette logique, est envisagée du point de vue de son effet sur celui à qui elle s'adresse, comme l'atteste la réponse que le valet fait à Dorante, au moment où celui-ci lui reproche de ne pas l'avoir prévenu du piège qu'Araminte a décidé de lui tendre : « votre douleur n'en a paru que plus vraie. Vous repentez-vous de l'effet qu'elle a produit ? » (III, 1).

UNE PAROLE EFFICACE

La manipulation de tous les instants à laquelle se livre Dubois, pour plaisante – voire jubilatoire – qu'elle soit à ses yeux, n'en est pas moins redoutablement efficace. Pour apprécier le pouvoir de la parole du valet, il faut prendre la mesure exacte de l'obstacle qu'elle permet de franchir. Il peut bien affirmer triomphalement à la fin « Ouf ! ma gloire m'accable » (III, 13), car il n'a pas vaincu sans péril. Une des originalités de la pièce est en effet que l'obstacle à surmonter y est à la fois *interne* et *externe* : Araminte hésite, comme la plupart des héroïnes marivaudiennes, à s'avouer ses propres sentiments, mais elle doit aussi faire face à la marotte toute moliéresque d'une mère bien décidée à lui donner un comte pour époux. Or cet obstacle externe est en réalité bien plus difficile à franchir que dans les pièces de Molière, où les amants doivent combattre la manie d'un père certes tyrannique, mais isolé du reste de la société par sa folie même. En somme, les amants sont chez Molière dans le camp du bon sens et de la norme sociale, ce qui n'est pas le cas dans *Les Fausses Confidences.* Madame Argante a bien sûr des traits communs avec une Madame Pernelle ou un Monsieur Jourdain, mais elle ne partage pas leur marginalité : elle a la société de son côté (Marton et Monsieur Remy ne paraissent nullement choqués par le projet matrimonial qu'elle a conçu pour sa fille)[1], et c'est Araminte qui est isolée. Si celle-ci peine à s'avouer son amour pour Dorante, c'est aussi et surtout parce qu'il lui est douloureux d'avouer à une société dont elle connaît les préjugés qu'elle aime celui qui se trouve être son intendant.

L'obstacle à franchir, dans *Les Fausses Confidences*, est ainsi d'une complexité extrême, qui n'a sans doute guère d'équivalent dans le théâtre de Marivaux, où il est le plus souvent uniquement interne. Les forces de résistance auxquelles Dubois est confronté sont en effet assurément plus importantes que celles que l'on rencontre dans les plus classiques et plus intimes « surprises de l'amour », car ce n'est pas rien que d'aimer en dessous de son rang. Certes, on trouvait déjà ce thème dans *La Double Inconstance* (1723), pièce dans laquelle un Prince s'éprend d'une paysanne, Silvia. Mais l'amour du Prince, dont la naissance est antérieure à la levée du rideau, est une pure donnée de l'intrigue : ce n'est pas une conquête à laquelle le spectateur assiste. En outre, la manipulation des cœurs qui rend possible, au troisième acte, le mariage du Prince et de Silvia semble comparativement moins méritoire : elle va, si l'on peut dire, de haut en bas (Flaminia aide

1. La bizarrerie de l'attelage formé par Madame Argante et par le Comte mérite d'être relevée : la mère d'Araminte prend sur elle tout le ridicule, de sorte que le Comte n'est pas un personnage aussi caricatural et repoussant que les prétendants choisis par la lubie de certains pères du théâtre de Molière (songeons par exemple à Thomas Diafoirus dans *Le Malade imaginaire*). La victoire de Dorante sur ce personnage somme toute respectable n'en est que plus méritoire.

le Prince à conquérir une paysanne), et non, comme dans *Les Fausses Confidences*, de bas en haut (Dubois orchestre la conquête de « Madame » par son intendant). Ce thème apparaît aussi dans *Le Jeu de l'amour et du hasard* (1730), mais là encore de façon moins puissante, car il est traité sur le mode du virtuel : Silvia n'a d'une soubrette que le déguisement[1].

FABRIQUER UN FANTASME

DUBOIS ET LES RESSOURCES DU ROMANESQUE

L'exploit de Dubois tient au fait qu'il parvient à orchestrer le mariage de Dorante avec la riche veuve dont il est l'intendant. Or, en amont de la dimension sociale de l'affaire, il y a la manipulation d'un cœur : cet art de faire naître l'amour mérite quelque examen. L'une des ressources les plus remarquables de Dubois dans cette entreprise consiste dans le maniement virtuose d'une parole que l'on pourrait sans exagération dire *romanesque.* La fausse confidence par excellence, celle du récit du coup de foudre de Dorante apercevant Araminte sur les marches de l'Opéra, se présente en effet comme un récit qui n'a rien à envier aux scènes de première rencontre que l'on peut lire dans les romans-mémoires contemporains d'un Prévost ou d'un Crébillon fils :

> DUBOIS. Hélas ! Madame, ce fut un jour que vous sortîtes de l'Opéra, qu'il perdit la raison ; c'était un vendredi, je m'en ressouviens ; oui, un vendredi ; il vous vit descendre l'escalier, à ce qu'il me raconta, et vous suivit jusqu'à votre carrosse ; il avait demandé votre nom, et je le trouvai qui était comme extasié ; il ne remuait plus.
>
> (I, 14)

1. Sur ces pièces, voir aussi, dans le dossier, la partie « Parole et amour dans le théâtre de Marivaux ».

Aucun élément de la pièce ne permet de juger du degré de fictionnalité de ce récit et de dire s'il s'agit ou non d'une pure fiction dans la fiction, et la question est vouée à rester sans réponse. Ce qui est indéniable, en revanche, c'est que Dubois conduit ce récit de telle sorte que la destinataire de sa confidence éprouve soudain le sentiment rétrospectif d'avoir, à son insu, participé à un événement, à une «aventure» (c'est le terme même d'Araminte) éminemment romanesque, et même, de l'avoir suscitée[1]. À l'appui de cette hypothèse, comparons le récit de Dubois avec la grande scène de première vue du roman *Les Égarements du cœur et de l'esprit* de Crébillon fils, dont la première partie fut publiée en 1736, soit un an seulement avant la création des *Fausses Confidences* :

> J'étais de si mauvaise humeur en arrivant à l'Opéra, où d'ailleurs je trouvai assez peu de monde, que, pour n'être pas distrait de la rêverie dans laquelle j'étais plongé je me fis ouvrir une loge, plutôt que de me mettre dans les balcons où je n'aurais pas été si tranquille. J'attendais sans impatience et sans désir que le spectacle commençât. [...] une loge s'ouvrit à côté de la mienne. Curieux de voir les personnes qui l'allaient occuper, j'y portai mes regards; et l'objet qui s'y offrit les fixa. Qu'on se figure tout ce que la beauté a de plus noble, tout ce que les grâces ont de plus séduisant, en un mot, tout ce que la jeunesse peut répandre de fraîcheur et d'éclat, à peine pourra-t-on se faire une idée de la personne que je voudrais dépeindre. Je ne sais quel mouvement singulier et subit m'agita à cette vue : frappé de tant de beautés, je demeurai comme anéanti[2].

---

1. La parole de Dubois, grâce à sa faculté presque magique de faire surgir et de mettre en scène tout un petit monde devant son interlocuteur, peut faire penser à celle du personnage d'Alcandre dans *L'Illusion comique* (1636) de Corneille, à cette différence près que l'illusion de Dubois n'est ici pas comique, mais romanesque.
2. Crébillon fils, *Les Égarements du cœur et de l'esprit*, éd. Jean Dagen, GF-Flammarion, 1985, p. 89-90.

Le héros de Crébillon, le jeune Meilcour, est « anéanti » par la vue de celle dont il ignore encore qu'elle est Hortense de Théville ; Dorante, tel que Dubois le décrit à Araminte, est pour sa part « extasié », « ne remu[e] plus » et rentre chez lui « avec un air égaré ». Un peu plus loin, poursuivant son récit, Dubois ajoute encore : « ce bon sens, cet esprit jovial, cette humeur charmante, vous aviez tout expédié » (I, 14). Le récit de Dubois, de façon implicite, fait donc d'Araminte une femme *digne* d'être une héroïne de roman, ce qui met en lumière l'une des vertus de la fausse confidence : stimuler l'amour-propre de celle qui veut bien l'écouter. La parole de Dubois fonctionne ainsi comme un miroir qu'il tend à Araminte, dans lequel il l'invite à se mirer en femme fatale et à considérer l'étendue de son pouvoir de fascination [1].

RÉMANENCES DE LA RÉALITÉ

Le parti pris romanesque du valet dans les confidences qu'il fait à Araminte implique de peindre Dorante sous les traits d'un être littéralement fou d'amour. Cette folie est un véritable *leitmotiv* dans la bouche de Dubois, tout au long de la scène 14 de l'acte I : « c'est à la tête que le mal le tient » ; « il est timbré, mais timbré comme cent » ; « il est tombé fou » ; « il extravague d'amour » ; « il en a la cervelle brûlée » ; « sa folie est de bon goût » ; « vous ne croiriez pas jusqu'où va sa démence ». Cette idée selon laquelle Dorante serait fou est d'ailleurs relayée par Monsieur Remy lorsqu'il apprend que son neveu refuse d'épouser une femme qui a quinze mille livres de rente au motif qu'il a « le cœur pris » (II, 2) : « Dorante, sais-

1. L'épisode du portrait d'Araminte que Dubois a enlevé de l'appartement de Dorante, développé à partir de la scène 10 de l'acte II, pourrait aussi être analysé comme une manipulation mobilisant les ressources d'un certain romanesque (moins contemporain cependant : c'est surtout dans les fictions du XVIIe siècle que le portrait de la femme aimée est un élément topique).

tu bien qu'il n'y a pas de fou aux Petites-Maisons de ta force ? » (II, 3). Tout en brossant ce tableau presque clinique de la folie de son ancien maître, Dubois prend soin cependant, de façon plus discrète et presque sur un mode mineur, de lui ménager une sorte de contrepoint, en esquissant le portrait d'un Dorante honnête homme et capable de réussite dans les affaires :

> DORANTE. Lui ! il n'y a point de plus brave homme dans toute la terre ; il a, peut-être, plus d'honneur à lui tout seul que cinquante honnêtes gens ensemble. Oh ! c'est une probité merveilleuse ; il n'a peut-être pas son pareil.
>
> (I, 14)

Un peu plus loin dans la même scène, quand Dubois raconte que Dorante a voulu le battre après s'être rendu compte qu'il lui avait menti à propos de l'absence d'Araminte à Paris, il s'empresse d'ajouter cette précision, comme incidemment : « tout bon qu'il est ». Cette proposition concessive a pour fonction d'interdire à Araminte de conclure de l'anecdote que Dorante est un être brutal. Il la rassure également sur la décence du personnage : « jamais vous n'entendrez parler de son amour ». Dubois, par petites touches, continue au cours de la seconde grande scène de fausses confidences (II, 12) de brosser devant Araminte cet « autre » portrait de Dorante, qu'il fait passer comme en contrebande, en suivant là encore la logique grammaticale de la concession : « quoiqu'il soit fort habile, au moins : ce n'est pas cela qui lui manque ». Dans les plis de ses fausses confidences, Dubois dissémine les éléments d'un portrait profondément flatteur du jeune homme.

Ces deux facettes du portrait de Dorante, fou d'amour et honnête homme, ne se contentent d'ailleurs pas de coexister de façon oxymorique : c'est précisément *parce que* Dorante est d'ordinaire un homme sans extravagance ni toquades que sa passion pour Araminte a du prix.

Mais il y a plus : en rappelant à plusieurs reprises à Araminte que Dorante est un homme honnête et habile, Dubois montre qu'il a pris acte des valeurs qui sont celles d'une bourgeoise éclairée, attachée au travail et au mérite[1]. Que Dorante fasse efficacement et honnêtement son travail d'intendant contribue donc aussi à le rendre désirable aux yeux d'Araminte. Autrement dit, les fausses confidences de Dubois jouent on ne peut plus habilement sur deux tableaux à la fois, en faisant de Dorante un être follement romanesque (il faut faire rêver) *et* profondément sérieux (il faut rassurer) : la tête dans les étoiles et les pieds, bourgeoisement, sur terre.

DÉSIR TRIANGULAIRE

Le stratagème de Dubois ne se limite pourtant pas à la mobilisation des ressources de ce romanesque qu'il prend lui-même soin de tempérer : il sait aussi jouer de façon virtuose d'un sentiment de jalousie qu'il crée de toutes pièces, pour les besoins de sa cause. Avant de quitter Dorante au terme de leur long conciliabule de la deuxième scène de la pièce, il lui glisse cette ultime recommandation : « À propos, tâchez que Marton prenne un peu de goût pour vous. L'amour et moi ferons le reste » (I, 2). Par un hasard totalement étranger à son stratagème, il se trouve aidé par Monsieur Remy qui, dès la scène suivante, demande également à son neveu de « tâche[r] de [...] plaire » à Marton (I, 3). La différence entre les deux injonctions, cependant, n'est pas mince : aux yeux de Monsieur Remy, séduire Marton doit pour Dorante être une fin en soi (c'est un parti que l'oncle juge honorable), tandis qu'il s'agit, aux yeux de Dubois, d'un simple moyen pour piquer la jalousie d'Araminte.

1. Sur cette question, voir les analyses détaillées de Patrice Pavis dans son développement sur « Le discours de l'honnêteté » (*Marivaux à l'épreuve de la scène*, Publications de la Sorbonne, 1986, p. 306-310).

Et c'est selon une logique tout à fait analogue que le valet évoque devant elle «une grande brune très piquante» qui chercherait à épouser Dorante, et accessoirement à faire sa fortune (I, 14). Que ce détail, comme presque tous ceux qui sortent de la bouche de Dubois, soit invérifiable n'empêche pas que l'on puisse le qualifier avec certitude de fausse confidence : ce qui importe n'est pas la véracité du propos mais son haut degré de *fonctionnalité*. En faisant surgir cette silhouette dans la conversation comme par hasard – mais en réalité de façon extrêmement concertée –, il s'agit bien pour Dubois d'exhiber le désir d'une autre femme pour Dorante : dire que Dorante est désiré, c'est suggérer qu'il est désirable.

En reprenant le vocabulaire de René Girard, on peut dire que cette «brune très piquante» et toutes ces autres femmes «fort aimables [...] qui offraient de lui faire sa fortune» (I, 14) sont expressément convoquées dans la conversation pour jouer le rôle de «médiatrices» du désir : elles sont censées confirmer aux yeux du «sujet» (en l'occurrence Araminte) le caractère désirable de l'«objet» (Dorante). Le désir, selon René Girard, n'est en effet presque jamais linéaire : son essence même est d'être «mimétique», ou «triangulaire», d'où l'importance du «médiateur»[1]. Cette fausse confidence, lors de laquelle Dubois insiste également sur le refus que Dorante oppose aux propositions de telles femmes, a en outre pour fonction de répondre par avance à une question dont le valet sait qu'Araminte sera amenée à se la poser : Dorante pourrait-il être, à l'instar du personnage de Lélio dans *La Fausse Suivante*, un fourbe chasseur de dots ?

Que Dubois y soit ou non pour quelque chose, l'étonnante prolifération des discours à propos de la beauté de

1. Voir René Girard, *Mensonge romantique et vérité romanesque*, Grasset, 1961.

Dorante produit un effet comparable à l'évocation de ces femmes prêtes à se damner pour lui : elle accrédite l'idée que Dorante est désirable. Il est en effet frappant de constater que tous les personnages de la pièce ou presque commentent sa beauté : selon Marton, « ce neveu-là est bon à montrer » et « prévient en sa faveur » (I, 4) ; d'après Araminte elle-même, il a « vraiment très bonne façon » et « si bonne mine pour un intendant » (I, 6) ; Madame Argante se demande de son côté si cet homme-là a bien « la figure d'un intendant » (I, 10) et « l'a querellé de ce qu'il est bien fait » (II, 4) ; même le Comte, son rival, reconnaît qu'« il a bonne mine [...] et n'a pas trop l'air de ce qu'il est » (II, 4). Il n'y a finalement que Dubois pour dire devant Araminte qu'il a « une figure passable » (I, 14), mais c'est bien sûr là pure stratégie... Ce faisceau convergent de paroles – qui n'est que partiellement orchestré par Dubois – contribue à la création d'un dispositif qui s'apparente à une fabrique du désir, et que l'on peut éclairer à la lumière de l'article « Induction » des *Fragments d'un discours amoureux* de Barthes, significativement pourvu du titre « Montrez-moi qui désirer » :

> L'être aimé est désiré parce qu'un autre ou d'autres ont montré au sujet qu'il est désirable : tout spécial qu'il soit, le désir amoureux se découvre par induction. [...] Le corps *qui va être aimé* est, à l'avance, cerné, manié par l'objectif, soumis à une sorte d'effet zoom, qui le rapproche, le grossit et amène le sujet à y coller le nez : n'est-il pas l'objet scintillant qu'une main habile fait miroiter devant moi et qui va m'hypnotiser, me capturer ? Cette « contagion affective », cette induction, part des autres, du langage, des amis : aucun amour n'est originel[1].

Si *Les Fausses Confidences* met bien en scène une « surprise de l'amour » et a bien été reçue comme telle par les

1. Roland Barthes, *Fragments d'un discours amoureux*, Seuil, 1977, p. 163.

spectateurs de 1737[1], il faut préciser que cette « surprise » peut paraître sensiblement moins fraîche, moins spontanée que dans d'autres pièces de Marivaux : tout y a été tellement prévu et prémédité par Dubois que l'amour d'Araminte pour Dorante semble courir le risque de passer pour un artefact, pur produit de la manipulation d'un valet.

PAROLES À DOUBLE SENS

IRONIE COMIQUE

Du fait de la prolifération tous azimuts des fausses confidences et de l'ampleur du stratagème de Dubois, qui innerve presque toutes les scènes, la vérité est dans la pièce une valeur très relative. Dans ce contexte de crise de la parole sincère, le dramaturge paraît malicieusement jouer des possibilités comiques offertes par la double énonciation, en multipliant à loisir les répliques dont le sens véritable semble échapper aux personnages qui les prononcent. Voici par exemple les tout premiers mots d'Araminte au moment où elle apparaît sur scène, et la réponse que lui fait Marton :

> ARAMINTE. Marton, quel est donc cet homme qui vient de me saluer si gracieusement, et qui passe sur la terrasse ? Est-ce à vous à qui il en veut ?
> MARTON. Non, Madame, c'est à vous-même.

· (I, 6)

1. « M. de Marivaux a donné, aux Italiens, *Les Fausses Confidences*, comédie en trois actes qui n'a eu qu'un très médiocre succès. [...] Au reste, c'était encore une surprise de l'amour » (*Lettres du commissaire Dubuisson au marquis de Caumont, 1735-1741*, éd. A. Rouxel, librairie P. Arnould, s.d., p. 356 ; texte cité par H. Coulet et M. Gilot, in Marivaux, *Théâtre complet*, « Bibliothèque de la Pléiade », 1994, t. II, p. 963).

Et, de fait, c'est bien à «Madame» que Dorante «en veut» : Marton ne croit pas si bien dire, mais elle n'a, à ce stade de la pièce, aucun moyen de mesurer la portée de sa réponse. C'est peu ou prou le même procédé de double sens comique qui est en jeu dans la scène suivante, au moment où Araminte parle à Dorante des conditions matérielles de son emménagement dans la maison en tant que nouvel intendant : «On vous montrera l'appartement que je vous destine; s'il ne vous convient pas, il y en a d'autres, et vous choisirez» (I, 7). Là encore, Araminte ne saurait soupçonner qu'il y a quelque équivoque dans sa phrase. Il en va cependant tout autrement pour le spectateur qui, cinq scènes plus tôt, a entendu Dubois dire à Dorante qu'il le voyait «déjà en déshabillé dans l'appartement de Madame» (I, 2)... Il y a dans ce jeu avec la double énonciation un phénomène que l'on pourrait qualifier d'*ironie comique*, sorte de pendant comique de ce que l'on appelle couramment l'*ironie tragique* : le personnage profère une réplique dont la portée, sur le moment, le dépasse, mais que le dénouement de la pièce permettra d'investir d'un sens tout autre.

Parmi de nombreux autres exemples, citons encore Monsieur Remy, déclarant à Dorante, en pensant parler de Marton, et en présence d'Araminte : «je tiens celle que vous aimez pour une guenon, si elle n'est pas de mon sentiment» (II, 2). Certains doubles sens peuvent enfin être investis d'un comique franchement métathéâtral, comme par exemple quand Monsieur Remy déclare que «ceux qui aiment les beaux sentiments doivent être contents» (II, 2), ou quand Marton affirme en parlant de Dubois, et non sans aplomb : «Je suis dans sa confidence» (II, 7). L'abondance de ces répliques à double entente est naturellement source de comique : il y a peut-être là une sorte d'effet de compensation, car *Les Fausses Confidences* contient par ailleurs moins d'éléments franchement comiques que beaucoup d'autres pièces de

Marivaux. Le seul personnage vraiment bouffon de la pièce est Arlequin, dont la présence est d'ailleurs discrète : en 1737, son rôle était interprété par l'acteur Thomassin, vieilli et malade[1].

PERSIFLAGE ?

Nombre de répliques à double entente peuvent cependant faire l'objet d'une lecture un peu différente, dans la mesure où il paraît possible d'imputer leur ambiguïté au personnage lui-même. Prenons par exemple le cas de Dubois faisant mine de s'étonner devant Araminte de la présence de Dorante dans la maison : « Eh ! par quel tour d'adresse est-il connu de Madame ? » (I, 14). Dubois, non sans autosatisfaction, pose une question dont lui seul connaît la réponse : il se flatte lui-même, à l'insu d'Araminte. Les répliques de ce genre sont plus inquiétantes quand elles sont prononcées par Dorante. En témoigne cet échange entre son oncle et lui, à propos de sa situation sociale et financière à venir :

> MONSIEUR REMY. [...] Ainsi, mon neveu, prenez toujours vos petites précautions, et vous mettez en état de vous passer de mon bien, que je vous destine aujourd'hui, et que je vous ôterai demain peut-être.
> DORANTE. Vous avez raison, Monsieur, et c'est aussi à quoi je vais travailler.
>
> (I, 3)

Le sens des paroles de Dorante échappe ici nécessairement à Monsieur Remy : celui-ci n'a aucun moyen de comprendre que, lorsque son neveu parle de « travailler » à prendre ses « précautions » sur le plan financier, il songe

1. Patrice Pavis cite toutefois l'étonnant témoignage du marquis d'Argenson rapportant qu'Arlequin faisait « tous les *lazzi* possibles » (Patrice Pavis, *Marivaux à l'épreuve de la scène*, *op. cit.*, p. 300).

en réalité à la fortune d'Araminte… Il en va de même dans l'échange suivant entre Marton et Dorante :

> MARTON, *comme chagrine.* Eh ! Monsieur, faut-il tant de bien pour être heureux ? Madame, qui a de la bonté pour moi, suppléera en partie par sa générosité à ce qu'il me sacrifie. Que je vous ai d'obligation, Dorante !
> DORANTE. Oh ! non, Mademoiselle, aucune ; vous n'avez point de gré à me savoir de ce que je fais ; je me livre à mes sentiments, et ne regarde que moi là-dedans. Vous ne me devez rien ; je ne pense pas à votre reconnaissance.
>
> (II, 3)

Dorante n'a guère d'autre possibilité que de répondre de la sorte : il est comme prisonnier de la machination de Dubois, qui lui a demandé de s'assurer que Marton s'enamoure de lui. L'hypothèse selon laquelle Dorante prendrait un plaisir un peu cruel à formuler une telle réponse – dont lui seul peut percevoir le double sens – ne saurait pourtant être tout à fait exclue. Or cette manière de s'amuser *aux dépens* et *à l'insu* de son interlocuteur porte un nom particulier au XVIIIe siècle : le persiflage. Prévost, dans son *Manuel lexique* (1755), définit ainsi le terme : « tout badinage d'idées et d'expressions qui laisse du doute ou de l'embarras sur leur véritable sens ». Féraud, à la fin du siècle, cite quant à lui un passage de *L'Année littéraire* tout à fait éclairant sur cet usage si particulier de la parole : « Le caractère du persifleur est une nuance de ceux du railleur et du méchant, et tient à tous les deux. La définition en est assez difficile. Ce qui semble le constituer, c'est l'art de tourner les gens en ridicule, sans qu'ils s'en aperçoivent[1]. » Le terme

---

1. Cette définition, ainsi que la précédente, est citée par Michel Delon dans l'article « Persiflage » de son *Dictionnaire européen des Lumières* (PUF, 1997). Sur cette notion, voir aussi Élisabeth Bourguinat, *Le Siècle du persiflage*, PUF, 1998, et Pierre Chartier, *Théorie du persiflage*, PUF, 2005. L'exemple de persiflage littéraire le plus canonique est offert par la lettre que Valmont écrit à la Présidente de Tourvel depuis le « pupitre » que lui offre le corps nu de sa maîtresse Émilie : « C'est après

apparaissant pour la première fois dans la langue française en 1734, il est légitime de se demander s'il saurait en quelque façon s'appliquer à Dorante. Or la réponse que l'on choisit de donner à cette question pourrait bien ne pas être sans conséquence sur l'interprétation des *Fausses Confidences.*

Sauver Dorante ?

Se demander si Dorante pratique le persiflage revient à poser la question de la sincérité du personnage et de ses intentions. L'avant-dernière scène de la pièce lui offre l'occasion de revenir sur l'ensemble des fausses confidences qui ont jalonné cette folle journée :

> DORANTE. Dans tout ce qui s'est passé chez vous, il n'y a rien de vrai que ma passion qui est infinie, et que le portrait que j'ai fait. Tous les incidents qui sont arrivés partent de l'industrie d'un domestique qui savait mon amour, qui m'en plaint, qui par le charme de l'espérance, du plaisir de vous voir, m'a pour ainsi dire forcé de consentir à son stratagème; il voulait me faire valoir auprès de vous. Voilà, Madame, ce que mon respect, mon amour et mon caractère ne me permettent pas de vous cacher. J'aime encore mieux regretter votre tendresse que de la devoir à l'artifice qui me l'a acquise; j'aime mieux votre haine que le remords d'avoir trompé ce que j'adore.
>
> (III, 12)

---

une nuit orageuse, et pendant laquelle je n'ai pas fermé l'œil; c'est après avoir été sans cesse ou dans l'agitation d'une ardeur dévorante, ou dans l'entier anéantissement de toutes les facultés de mon âme, que je viens chercher auprès de vous, Madame, un calme dont j'ai besoin, et dont pourtant je n'espère pas pouvoir jouir encore. En effet, la situation où je suis en vous écrivant me fait connaître, plus que jamais, la puissance irrésistible de l'amour; j'ai peine à conserver assez d'empire sur moi pour mettre quelque ordre dans mes idées; et déjà je prévois que je ne finirai pas cette lettre, sans être obligé de l'interrompre» (Laclos, *Les Liaisons dangereuses*, lettre 48).

Dorante, après avoir avoué son amour à la fin du deuxième acte, confesse donc à la fin du troisième l'ampleur de la machination qui a rendu possible la réciprocité de cet amour. Après un moment de silence dont une didascalie dit toute l'importance (« *le regardant quelque temps sans parler* »), Araminte accorde un pardon qui paraît sans réserve. Il semble toutefois permis de se poser la question suivante : cet aveu est-il susceptible d'être interprété comme une ultime fausse confidence ? Dorante, dans ces paroles, se désolidarise en effet un peu étrangement de Dubois, qu'il ne nomme même pas, qu'il ne désigne, de façon presque méprisante, que comme « un domestique », sur lequel il rejette « pour ainsi dire » l'entière responsabilité du stratagème. La fin nuptiale de la comédie peut toutefois valoir comme une preuve de la sincérité de Dorante : il n'y a pas, chez Marivaux, de mariage final sans amour partagé. Comme l'écrit Jean Goldzink, « une telle fin irait contre la finalité euphorique que Marivaux assigne toujours au genre comique[1] ». C'est toute la différence entre la fin des *Fausses Confidences* et celle de *La Fausse Suivante*, pièce sous-titrée *Le Fourbe puni* : s'il n'y a pas lieu, *in fine*, de « punir » Dorante, c'est donc qu'il ne serait pas si « fourbe ». En somme, et pour cette raison, il faut imaginer Dorante sincère.

Sincère, cependant, ne signifie pas nécessairement heureux. Qu'imaginer, dès lors, après la tombée du rideau, dans cette demeure bourgeoise où la sincérité des échanges a été si rudement mise à mal et où la possibilité d'avoir confiance dans la parole de l'autre semble avoir subi un irréversible travail de sape ? Est-il permis, comme le suggère Arlequin dans sa réplique finale, de penser qu'Araminte et Dorante vivront heureux et auront beaucoup d'enfants, ou faut-il envisager une existence tumultueuse qui ressemblerait au second volet de *Barry*

1. Jean Goldzink, « L'Escalier et le déshabillé », art. cité, p. 194.

Lyndon, peinture cruelle de la fin malheureuse de ce jeune homme beau, ingénieux, mais aussi un peu roué, qui avait épousé une veuve richissime ?

Damien CRELIER

4 — *Parole et amour dans le théâtre de Marivaux*

Une des grandes caractéristiques des personnages de Marivaux, qu'il s'agisse de ses romans ou de son théâtre, est que leur cœur, dans un premier temps, leur demeure très souvent obscur à eux-mêmes : l'héroïne éponyme de *La Vie de Marianne*, comme Silvia dans *Le Jeu de l'amour et du hasard*, peine à démêler l'écheveau de ses sentiments. L'exclamation de cette dernière dans un aparté fameux, « Ah ! je vois clair dans mon cœur [1] », ne saurait être un point de départ de l'intrigue, mais seulement une conquête, un aboutissement. Or, dans ce cheminement du personnage vers la prise de conscience de ses sentiments, la parole joue un rôle essentiel. Dans les romans-mémoires que sont *La Vie de Marianne* et *Le Paysan parvenu*, c'est l'écriture rétrospective d'un personnage devenu, longtemps après, narrateur de ses propres aventures qui permet ce travail d'élucidation. Au théâtre, temporalité dramatique oblige, la prise de conscience s'opère selon des modalités nécessairement différentes[2], mais la parole n'en demeure pas moins un enjeu crucial, et ce, pour deux raisons au moins.

La première est que la parole a partie liée avec cette « surprise de l'amour » si caractéristique du théâtre de

1. Marivaux, *Le Jeu de l'amour et du hasard*, acte II, scène 12, in *Théâtre complet*, éd. citée, t. I, p. 641.

2. Pour une comparaison de la façon dont s'opère « la rencontre du cœur et du regard » dans les romans et dans le théâtre de Marivaux, voir le texte fondateur de Jean Rousset, « Marivaux ou la structure du double registre », *Forme et signification*, *op. cit.*, p. 45-64.

Marivaux[1]. C'est en parlant, en *verbalisant*, que le personnage accède à la connaissance de ses sentiments : cette prise de conscience, ce surgissement de la vérité du cœur grâce à la parole en train de s'énoncer, est l'un des traits les plus caractéristiques de ce que l'on appelle le marivaudage. Certaines scènes de face-à-face entre Silvia et Dorante dans *Le Jeu de l'amour et du hasard* fournissent un exemple saisissant de ce type de situation, que l'on retrouve dans *Les Fausses Confidences*, même si dans la comédie de 1737 la « surprise de l'amour » est, si l'on peut dire, unilatérale : seule Araminte prend conscience de son amour au cours des trois actes de la pièce, les sentiments de Dorante étant une donnée initiale de l'intrigue.

Il est cependant une seconde fonction de la parole, tout aussi importante dans la naissance de l'amour sur les planches du théâtre de Marivaux : c'est celle que remplit la parole d'autrui, qui guide les amoureux – ou plutôt ceux qui ne savent pas encore qu'ils le sont –, et les met sur la voie de l'aveu à soi de ses propres sentiments. Cette parole d'un tiers *utilement indiscret*, le plus souvent redoutablement efficace, peut prendre des formes variées, mais s'apparente presque toujours à une manipulation des cœurs. C'est ce dont témoignent des pièces telles que *La Surprise de l'amour* et *La Double Inconstance*, en offrant une illustration de cette règle marivaudienne dont *Les Fausses Confidences* donnent assurément, une décennie plus tard, l'exemple le plus parfaitement abouti : une « surprise de l'amour » ne se constate pas, elle se provoque.

1. Voir l'*Éloge de Marivaux*, du reste assez ambigu, que d'Alembert a rédigé en 1763 peu après sa mort : « Presque toutes [ses pièces], comme on l'a dit, sont des *surprises de l'amour*, c'est-à-dire la situation de deux personnes qui, s'aimant et ne s'en doutant pas, laissent échapper par tous leurs discours ce sentiment ignoré d'eux seuls, mais très visible pour l'indifférent qui les observe. »

La Surprise de l'amour (1722)

Parole oraculaire et naissance de l'amour

La Surprise de l'amour, première comédie en trois actes de Marivaux, est créée en 1722 par les Comédiens-Italiens. La pièce met en scène le voisinage campagnard de deux aristocrates. Chacun d'entre eux s'est de son côté juré de renoncer à l'amour : Lélio a été blessé par la trahison d'une coquette, tandis que la Comtesse, jeune veuve, ne voit dans les hommes que des créatures vaniteuses. Tous deux sont cependant contraints d'entrer en relation car le jardinier de la Comtesse cherche à obtenir la main de la servante de Lélio. À la fin du premier acte survient le Baron, qui se trouve être un ami qu'ils ont en commun. Étrange apparition que celle de ce personnage qui se définit lui-même comme « un homme à pronostic » : il prédit avec aplomb à ses deux amis qu'ils vont s'aimer. De façon symbolique, il trace un cercle autour de Lélio et lui déclare qu'il ne pourra en sortir que « soupirant pour les beautés de madame ».

Cette parole fonctionne de façon véritablement « oraculaire[1] » : bien que les personnages, sur le moment, n'en croient pas un mot et restent, dans leurs discours, on ne peut plus réfractaires à l'amour, la prophétie se réalise au cours des deux actes suivants, et la pièce s'achève par plusieurs mariages, dont celui de Lélio avec la Comtesse. Le personnage du Baron apparaît ainsi comme le symbole de la nécessité de la médiation de la parole d'autrui dans la naissance du sentiment amoureux : la « surprise de l'amour » n'est pas aussi spontanée que l'on pourrait

1. Christophe Martin, « Dramaturgies internes et manipulations implicites dans *La Surprise de l'amour*, *La Seconde Surprise de l'amour* et *Le Jeu de l'amour et du hasard* », in Pierre Frantz (dir.), *Marivaux : jeu et surprises de l'amour*, Presses universitaires de Paris-Sorbonne, 2009, p. 60. Cet article contient une analyse minutieuse du rôle de la parole dans les stratégies de manipulation.

croire ; tout comme dans *Les Fausses Confidences* quinze années plus tard, elle a besoin d'adjuvants[1]. Dubois, au reste, mériterait également d'être dit « homme à pronostic », lui qui, dès la deuxième scène de la pièce, fait à Dorante cette annonce pleine d'assurance : « on vous aimera, toute raisonnable qu'on est ; on vous épousera, toute fière qu'on est, et on vous enrichira, tout ruiné que vous êtes, entendez-vous ? »

LE BARON. Ne me trompé-je point ? Est-ce vous que je vois, madame la Comtesse ?
LA COMTESSE. Oui, Monsieur, c'est moi-même.
LE BARON. Quoi ! avec notre ami Lélio ! Cela se peut-il ?
LA COMTESSE. Que trouvez-vous donc là de si étrange ?
LÉLIO. Je n'ai l'honneur de connaître Madame que depuis un instant. Et d'où vient la surprise ?
LE BARON. Comment, ma surprise ! voici peut-être le coup de hasard le plus bizarre qui soit arrivé. [...]
LE BARON. [...] Je suis un homme à pronostic : voulez-vous que je vous dise ; tenez, je crois que votre merveilleux est à fin de terme.
LÉLIO. Cela se peut bien, Madame, cela se peut bien ; les fous sont quelquefois inspirés.
LA COMTESSE. Vous vous trompez, Monsieur, vous vous trompez.
LE BARON. Mais, toi qui raisonnes, as-tu lu l'histoire romaine ?
LÉLIO. Oui, qu'en veux-tu faire, de ton histoire romaine ?
LE BARON. Te souviens-tu qu'un ambassadeur romain enferma Antiochus dans un cercle qu'il traça autour de lui, et lui déclara la guerre s'il en sortait avant qu'il eût répondu à sa demande ?
LÉLIO. Oui, je m'en ressouviens.
LE BARON. Tiens, mon enfant, moi indigne, je te fais un cercle à l'imitation de ce Romain, et sous peine des ven-

---

1. Même si Marivaux n'est pas aussi radicalement pessimiste que La Rochefoucauld, on peut songer à cette maxime : « Il y a des gens qui n'auraient jamais été amoureux s'ils n'avaient jamais entendu parler de l'amour » (*Réflexions ou Sentences et maximes morales*, 136).

geances de l'Amour, qui vaut bien la république de Rome, je t'ordonne de n'en sortir que soupirant pour les beautés de Madame ; voyons si tu oseras broncher.

LÉLIO *passe le cercle.* Tiens, je suis hors du cercle, voilà ma réponse : va-t'en la porter à ton benêt d'Amour.

LA COMTESSE. Monsieur le Baron, je vous prie, badinez tant qu'il vous plaira, mais ne me mettez point en jeu.

LE BARON. Je ne badine point, Madame, je vous le cautionne garrotté à votre char ; il vous aime de ce moment-ci, il a obéi. La peste, vous ne le verriez pas hors du cercle ; il avait plus de peur qu'Antiochus.

LÉLIO, *riant.* Madame, vous pouvez me donner des rivaux tant qu'il vous plaira, mon amour n'est point jaloux.

LA COMTESSE, *embarrassée.* Messieurs, j'entends volontiers raillerie, mais finissons-la pourtant.

LE BARON. Vous montrez là certaine impatience qui pourra venir à bien : faisons-la profiter par un petit tour de cercle.

Il l'enferme aussi.

LA COMTESSE, *sortant du cercle.* Laissez-moi, qu'est-ce que cela signifie ? Baron, ne lisez jamais d'histoire, puisqu'elle ne vous apprend que des polissonneries.

Lélio rit.

LE BARON. Je vous demande pardon, mais vous aimerez, s'il vous plaît, Madame. Lélio est mon ami, et je ne veux point lui donner de maîtresse insensible.

LA COMTESSE, *sérieusement.* Cherchez-lui donc une maîtresse ailleurs, car il trouverait fort mal son compte ici.

LÉLIO. Madame, je sais le peu que je vaux, on peut se dispenser de me l'apprendre ; après tout, votre antipathie ne me fait point trembler.

LE BARON. Bon, voilà de l'amour qui prélude par du dépit.

LA COMTESSE, *à Lélio.* Vous seriez fort à plaindre, Monsieur, si mes sentiments ne vous étaient indifférents.

LE BARON. Ah le beau duo ! Vous ne savez pas encore combien il est tendre.

LA COMTESSE, *s'en allant doucement.* En vérité, vos folies me poussent à bout, Baron.

LE BARON. Oh, Madame, nous aurons l'honneur, Lélio et moi, de vous reconduire jusque chez vous.

COLOMBINE, *arrivant*. Bonjour, monsieur le Baron. Comme vous voilà rouge, Madame. Monsieur Lélio est tout je ne sais comment aussi : il a l'air d'un homme qui veut être fier, et qui ne peut pas l'être. Qu'avez-vous donc tous deux ?

LA COMTESSE, *sortant*. L'étourdie !

LE BARON. Laissez-les là, Colombine, ils sont de méchante humeur ; ils viennent de se faire une déclaration d'amour l'un à l'autre, et le tout en se fâchant[1].

« C'ÉTAIT POUR ABRÉGER VOTRE CHEMIN À L'UN ET À L'AUTRE » : LE RÔLE DES CONFIDENCES

Sur le moment, les paroles du Baron n'ont suscité que des commentaires sarcastiques de la part de Lélio et de la Comtesse. Le Baron ne réapparaît plus sur scène jusqu'à la fin de la pièce, mais Colombine, la suivante de la Comtesse, poursuit en quelque sorte son œuvre en prenant l'initiative d'entretenir Lélio – hors scène – des sentiments que sa maîtresse, selon elle, éprouve désormais pour lui. La Comtesse, quand elle l'apprend, se montre furieuse de cette confidence que sa suivante a pris la liberté de faire à son sujet. Et pourtant, cette confidence se révèle redoutablement efficace et apparaît rétrospectivement comme un jalon important dans la « surprise de l'amour ». Ces quelques paroles que Colombine a dites à Lélio « pour le bien de la chose » et dans le but d'« abréger [le] chemin » que peinent à parcourir ceux qui sont, à ce stade de la pièce, des *amants sans le savoir*, sont promises à un bel avenir dramaturgique : elles offrent le modèle en miniature d'un ressort qui sera employé à beaucoup plus vaste échelle dans *Les Fausses Confidences*.

1. Marivaux, *La Surprise de l'amour*, acte I, scène 8, in *Théâtre complet*, éd. citée, t. I, p. 155-157.

COLOMBINE *arrive.* Que me voulez-vous, Madame?
LA COMTESSE. Ce que je veux?
COLOMBINE. Si vous ne voulez rien, je m'en retourne.
LA COMTESSE. Parlez, quels discours avez-vous tenus à Monsieur sur mon compte?
COLOMBINE. Des discours très sensés, à mon ordinaire.
LA COMTESSE. Je vous trouve bien hardie d'oser, suivant votre petite cervelle, tirer de folles conjectures de mes sentiments, et je voudrais bien vous demander sur quoi vous avez compris que j'aime Monsieur, à qui vous l'avez dit.
COLOMBINE. N'est-ce que cela? je vous jure que je l'ai cru comme je l'ai dit, et je l'ai dit pour le bien de la chose. C'était pour abréger votre chemin à l'un et à l'autre, car vous y viendrez tous deux. Cela ira là, et si la chose arrive, je n'aurai fait aucun mal. À votre égard, Madame, je vais vous expliquer sur quoi j'ai pensé que vous aimiez.
LA COMTESSE, *lui coupant la parole.* Je vous défends de parler.
LÉLIO, *d'un air doux et modeste.* Je suis honteux d'être la cause de cette explication-là, mais vous pouvez être persuadée que ce qu'elle a pu me dire ne m'a fait aucune impression. Non, Madame, vous ne m'aimez point, et j'en suis convaincu, et je vous avouerai même, dans le moment où je suis, que cette conviction m'est nécessaire : je vous laisse. Si nos paysans se raccommodent, je verrai ce que je puis faire pour eux. Puisque vous vous intéressez à leur mariage, je me ferai un plaisir de le hâter, et j'aurai l'honneur de vous porter tantôt ma réponse, si vous me le permettez.
LA COMTESSE, *quand il est parti.* Juste ciel! que vient-il de me dire? et d'où vient que je suis émue de ce que je viens d'entendre? Cette conviction m'est absolument nécessaire! Non, cela ne signifie rien, et je n'y veux rien comprendre.
COLOMBINE, *à part.* Oh, notre amour se fait grand! Il parlera bientôt bon français[1].

1. Marivaux, *La Surprise de l'amour*, acte II, scène 7, éd. citée, p. 174.

La Double Inconstance (1723) ou la parole manipulatrice

Moins d'un an après le succès de *La Surprise de l'amour*, Marivaux collabore à nouveau avec les Comédiens-Italiens en leur confiant en avril 1723 *La Double Inconstance*, pièce dans laquelle il explore le genre de la pastorale dramatique. Un prince est tombé amoureux de Silvia, une jeune paysanne qu'il souhaite épouser sans toutefois la contraindre. Mais celle-ci a déjà un amant en la personne d'Arlequin. Le prince les fait venir tous deux à la cour. Flaminia, qui fait partie de l'entourage du prince, se propose de les désunir en les poussant tous deux à l'inconstance. Il s'agit pour elle de détacher Silvia d'Arlequin et de la rendre sensible aux charmes du prince – qui se cache dans un premier temps sous le masque d'un officier du palais –, tandis qu'elle se chargera elle-même de devenir le nouvel objet des désirs d'Arlequin.

La belle assurance dont Flaminia fait preuve devant le prince, au moment où elle lui expose son stratagème, annonce le ton et les accents qui seront ceux de Dubois devant Dorante dans *Les Fausses Confidences.* Comme l'écrit Jean Goldzink, « les deux grands virtuoses de la manipulation savante des cœurs, Flaminia dans *La Double Inconstance*, et Dubois dans *Les Fausses Confidences*, se répondent rigoureusement dans la certitude de leur infaillibilité, fondée sur la connaissance du cœur humain et de la mécanique des passions[1] ». *La Double Inconstance*, de façon bien plus nette encore que *La Surprise de l'amour*, offre la peinture d'un amour qui, pour être sincère, n'en est pas moins le fruit de la parole manipulatrice d'un tiers.

1. Jean Goldzink, « L'escalier et le déshabillé. *Les Fausses Confidences* », *Les Cahiers de la Comédie-Française*, n° 22, hiver 1997 ; article repris dans *Comique et comédie au siècle des Lumières*, L'Harmattan, 2000, p. 201.

LE PRINCE, FLAMINIA, LISETTE

FLAMINIA, *à Lisette*. Eh bien, nos affaires avancent-elles? comment va le cœur d'Arlequin?

LISETTE, *d'un air fâché*. Il va très brutalement pour moi.

FLAMINIA. Il t'a donc mal reçue?

LISETTE. Eh fi, Mademoiselle, vous êtes une coquette, voilà de son style.

LE PRINCE. J'en suis fâché, Lisette : mais il ne faut pas que cela vous chagrine, vous n'en valez pas moins.

LISETTE. Je vous avoue, Seigneur, que si j'étais vaine, je n'aurais pas mon compte. J'ai des preuves que je puis déplaire; et nous autres femmes, nous nous passons bien de ces preuves-là.

FLAMINIA. Allons, allons, c'est maintenant à moi à tenter l'aventure.

LE PRINCE. Puisqu'on ne peut gagner Arlequin, Silvia ne m'aimera jamais.

FLAMINIA. Et moi je vous dis, Seigneur, que j'ai vu Arlequin, qu'il me plaît à moi, que je me suis mis dans la tête de vous rendre content; que je vous ai promis que vous le seriez; que je vous tiendrai parole, et que de tout ce que je vous dis là je ne vous rabattrais pas la valeur d'un mot; oh vous ne me connaissez pas. Quoi, Seigneur, Arlequin et Silvia me résisteraient? Je ne gouvernerais pas deux cœurs de cette espèce-là, moi qui l'ai entrepris, moi qui suis opiniâtre, moi qui suis femme? c'est tout dire. Eh mais j'irais me cacher, mon sexe me renoncerait[1], Seigneur, vous pouvez en toute sûreté ordonner les apprêts de votre mariage, vous arranger pour cela; je vous garantis aimé, je vous garantis marié, Silvia va vous donner son cœur, ensuite sa main; je l'entends d'ici vous dire : Je vous aime; je vois vos noces, elles se font, Arlequin m'épouse, vous nous honorez de vos bienfaits, et voilà qui est fini.

LISETTE, *d'un air incrédule*. Tout est fini, rien n'est commencé.

FLAMINIA. Tais-toi, esprit court.

LE PRINCE. Vous m'encouragez à espérer : mais je vous avoue que je ne vois d'apparence à rien.

---

1. Les femmes me renieraient.

FLAMINIA. Je les ferai bien venir, ces apparences, j'ai de bons moyens pour cela ; je vais commencer par aller chercher Silvia, il est temps qu'elle voie Arlequin.

LISETTE. Quand ils se seront vus, j'ai bien peur que tes moyens n'aillent mal.

LE PRINCE. Je pense de même.

FLAMINIA, *d'un air indifférent*. Eh nous ne différons que du oui et du non, ce n'est qu'une bagatelle ; pour moi, j'ai résolu qu'ils se voient librement : sur la liste des mauvais tours que je veux jouer à leur amour, c'est ce tour-là que j'ai mis à la tête.

LE PRINCE. Faites donc à votre fantaisie.

FLAMINIA. Retirons-nous, voici Arlequin qui vient [1].

Le Jeu de l'amour et du hasard (1730)

Du langage de la conscience au langage du cœur : le marivaudage en action

Créé en 1730 par les Comédiens-Italiens, *Le Jeu de l'amour et du hasard* met en scène deux jeunes gens qui ont eu exactement la même idée : se déguiser pour avoir tout le loisir d'examiner le prétendant qu'on leur destine. Dorante prend ainsi le nom de Bourguignon et échange ses vêtements avec son valet Arlequin, tandis que Silvia fait de même avec Lisette, sa femme de chambre. Tous deux sont troublés par le fait qu'ils n'éprouvent que répugnance pour l'être auquel le mariage est censé les lier alors que naît en eux, dans le même temps, une inclination qu'ils peinent à s'avouer pour celui qui ne saurait être objet de désir : le prétendu Bourguignon pour Silvia, la prétendue Lisette pour Dorante.

Un tel jeu de déguisements et d'inversions d'identités rend plus complexe encore une question traditionnelle-

1. Marivaux, *La Double Inconstance*, acte I, scène 6, éd. Christophe Martin, GF-Flammarion, 1996, p. 44-45.

ment problématique dans le théâtre de Marivaux : celle de l'aveu à soi et de l'aveu à l'autre des sentiments que l'on éprouve. La parole, dans le moment même où elle s'énonce, peut devenir l'occasion d'un affleurement soudain de ce qui est dans le cœur et qui pouvait jusqu'alors rester opaque à la conscience. Comme l'écrit Christophe Martin, « le marivaudage, c'est essentiellement ce moment du dialogue où le langage du cœur prend de vitesse et "double" le langage de la conscience[1] ». Le marivaudage se caractérise ainsi – outre par ses aspects esthétiques, qui ont parfois été raillés par les contemporains de Marivaux[2] –, par la transformation du personnage en spectateur de lui-même, ou plutôt en auditeur de sa propre parole, qui, court-circuitant en quelque sorte la claire conscience, s'offre comme une voie royale à l'intelligence de son propre cœur. De ce point de vue, le grand moment de marivaudage des *Fausses Confidences* est la scène 12 du troisième acte, au cours de laquelle Araminte s'exclame, comme à son corps défendant : « Vous donner mon portrait ! songez-vous que ce serait avouer que je vous aime ? »

Dans l'extrait suivant, qui constitue le cœur du deuxième acte, ni Silvia ni Dorante n'ont encore révélé leur identité sociale. Chacun des deux maîtres croit donc avoir affaire à un domestique, dont il est au désespoir de devoir s'avouer qu'il le trouve infiniment plus aimable que le prétendant désigné.

> SILVIA. Tiens, Bourguignon, une bonne fois pour toutes, demeure, va-t'en, reviens, tout cela doit m'être indifférent, et me l'est en effet, je ne te veux ni bien ni mal, je ne te hais, ni ne t'aime, ni ne t'aimerai à moins que l'esprit ne me tourne. Voilà mes dispositions, ma raison ne m'en permet point d'autres, et je devrais me dispenser de te le dire.

1. Marivaux, *La Double Inconstance*, éd. citée, p. 120.
2. Voir, dans le dossier, « Marivaudage et langage ».

DORANTE. Mon malheur est inconcevable, tu m'ôtes peut-être tout le repos de ma vie.
SILVIA. Quelle fantaisie il s'est allé mettre dans l'esprit ! il me fait de la peine : reviens à toi ; tu me parles, je te réponds, c'est beaucoup, c'est trop même, tu peux m'en croire, et si tu étais instruit, en vérité tu serais content de moi, tu me trouverais d'une bonté sans exemple, d'une bonté que je blâmerais dans une autre ; je ne me la reproche pourtant pas, le fond de mon cœur me rassure, ce que je fais est louable, c'est par générosité que je te parle, mais il ne faut pas que cela dure, ces générosités-là ne sont bonnes qu'en passant, et je ne suis pas faite pour me rassurer toujours sur l'innocence de mes intentions, à la fin, cela ne ressemblerait plus à rien ; ainsi finissons, Bourguignon ; finissons je t'en prie ; qu'est-ce que cela signifie ? c'est se moquer, allons qu'il n'en soit plus parlé.
DORANTE. Ah, ma chère Lisette, que je souffre !
SILVIA. Venons à ce que tu voulais me dire, tu te plaignais de moi quand tu es entré, de quoi était-il question ?
DORANTE. De rien, d'une bagatelle, j'avais envie de te voir, et je crois que je n'ai pris qu'un prétexte.
SILVIA, *à part*. Que dire à cela ? quand je m'en fâcherais, il n'en serait ni plus ni moins.
DORANTE. Ta maîtresse en partant a paru m'accuser de t'avoir parlé au désavantage de mon maître.
SILVIA. Elle se l'imagine, et si elle t'en parle encore, tu peux le nier hardiment, je me charge du reste.
DORANTE. Eh, ce n'est pas cela qui m'occupe !
SILVIA. Si tu n'as que cela à me dire, nous n'avons plus que faire ensemble.
DORANTE. Laisse-moi du moins le plaisir de te voir.
SILVIA. Le beau motif qu'il me fournit là ! J'amuserai la passion de Bourguignon ! Le souvenir de tout ceci me fera bien rire un jour.
DORANTE. Tu me railles, tu as raison, je ne sais ce que je dis, ni ce que je te demande ; adieu.
SILVIA. Adieu, tu prends le bon parti… mais, à propos de tes adieux, il me reste encore une chose à savoir, vous partez, m'as-tu dit, cela est-il sérieux ?

DORANTE. Pour moi il faut que je parte, ou que la tête me tourne.
SILVIA. Je ne t'arrêtais pas pour cette réponse-là, par exemple.
DORANTE. Et je n'ai fait qu'une faute, c'est de n'être pas parti dès que je t'ai vue.
SILVIA, *à part*. J'ai besoin à tout moment d'oublier que je l'écoute.
DORANTE. Si tu savais, Lisette, l'état où je me trouve...
SILVIA. Oh, il n'est pas si curieux à savoir que le mien, je t'en assure.
DORANTE. Que peux-tu me reprocher ? Je ne me propose pas de te rendre sensible.
SILVIA, *à part*. Il ne faudrait pas s'y fier.
DORANTE. Et que pourrais-je espérer en tâchant de me faire aimer ? hélas ! quand même j'aurais ton cœur...
SILVIA. Que le ciel m'en préserve ! quand tu l'aurais, tu ne le saurais pas, et je ferais si bien, que je ne le saurais pas moi-même : tenez, quelle idée il lui vient là !
DORANTE. Il est donc bien vrai que tu ne me hais, ni ne m'aimes, ni ne m'aimeras ?
SILVIA. Sans difficulté.
DORANTE. Sans difficulté ! Qu'ai-je donc de si affreux ?
SILVIA. Rien, ce n'est pas là ce qui te nuit.
DORANTE. Eh bien, chère Lisette, dis-le-moi cent fois, que tu ne m'aimeras point.
SILVIA. Oh, je te l'ai assez dit, tâche de me croire.
DORANTE. Il faut que je le croie ! Désespère une passion dangereuse, sauve-moi des effets que j'en crains ; tu ne me hais, ni ne m'aimes, ni ne m'aimeras ! accable mon cœur de cette certitude-là ! J'agis de bonne foi, donne-moi du secours contre moi-même, il m'est nécessaire, je te le demande à genoux.

Il se jette à genoux. Dans ce moment, monsieur Orgon et Mario entrent et ne disent mot[1].

---

1. Marivaux, *Le Jeu de l'amour et du hasard*, acte II, scène 9, in *Théâtre complet*, éd. citée, t. I, p. 634-636.

LA MARCHE VERS L'AVEU

À la fin du deuxième acte, Dorante a non seulement avoué son amour à Silvia mais il lui a aussi révélé son identité. Cette dernière, cependant, n'en a pas fait autant, de sorte que Dorante pense aimer une soubrette. Et tout l'enjeu du troisième acte repose dans le défi que se propose Silvia : pousser Dorante à lui demander sa main sans lui avoir découvert son rang véritable. Comme elle le confie à son père et à son frère, c'est tout son amour-propre qu'elle met dans cette démarche : « je serai charmée de triompher ; mais il faut que j'arrache ma victoire, et non pas qu'il me la donne : je veux un combat entre l'amour et la raison » (III, 4). La « marche vers l'aveu[1] » qui caractérise selon Jean Rousset toute comédie de Marivaux se trouve donc ici modulée de façon particulière, puisqu'il ne s'agit pas pour Silvia de susciter un « simple » aveu, mais d'obtenir de Dorante qu'il ose demander la main d'une soubrette – ce qui serait tout à la fois la forme superlative de l'aveu et l'accomplissement d'un rêve galant, celui de la bergère épousée par le prince.

Il n'est pas rare, d'ailleurs, que cette marche vers l'aveu prenne pour ainsi dire la forme d'une *marche forcée*. Silvia, dans l'extrait qui suit, en dépit de l'extrême sincérité de son amour, utilise la ruse pour obtenir de Dorante la proposition qu'elle espère : « Feignons de sortir, afin qu'il m'arrête. » De même, amour(-propre) et stratagème ne sont nullement incompatibles dans *Les Fausses Confidences*, y compris chez le personnage d'Araminte. Elle tend en effet à Dorante, à la fin du deuxième acte, un authentique « piège » – le terme est d'elle – et l'accule littéralement à l'aveu : il faut, dit-elle dans un aparté, « le pousser à bout[2] ».

---

1. Jean Rousset, « Marivaux ou la structure du double registre », *Forme et signification*, *op. cit.*, p. 57.

2. Silvia et Araminte remplissent elles-mêmes, dans ces scènes, un rôle qui, de façon fréquente, et surtout complémentaire, est aussi

SILVIA. Quoi, sérieusement, vous partez?
DORANTE. Vous avez bien peur que je ne change d'avis.
SILVIA. Que vous êtes aimable d'être si bien au fait!
DORANTE. Cela est bien naïf : adieu.

Il s'en va.

SILVIA, *à part.* S'il part, je ne l'aime plus, je ne l'épouserai jamais... *(Elle le regarde aller.)* Il s'arrête pourtant, il rêve, il regarde si je tourne la tête, je ne saurais le rappeler moi... Il serait pourtant singulier qu'il partît après tout ce que j'ai fait... Ah, voilà qui est fini, il s'en va, je n'ai pas tant de pouvoir sur lui que je le croyais : mon frère est un maladroit, il s'y est mal pris, les gens indifférents gâtent tout. Ne suis-je pas bien avancée? quel dénouement! Dorante reparaît pourtant; il me semble qu'il revient, je me dédis donc, je l'aime encore... Feignons de sortir, afin qu'il m'arrête : il faut bien que notre réconciliation lui coûte quelque chose.
DORANTE, *l'arrêtant.* Restez, je vous prie, j'ai encore quelque chose à vous dire.
SILVIA. À moi, Monsieur?
DORANTE. J'ai de la peine à partir sans vous avoir convaincue que je n'ai pas tort de le faire.
SILVIA. Eh, Monsieur, de quelle conséquence est-il de vous justifier auprès de moi? Ce n'est pas la peine, je ne suis qu'une suivante, et vous me le faites bien sentir.
DORANTE. Moi, Lisette! est-ce à vous à vous plaindre? Vous qui me voyez prendre mon parti sans me rien dire?
SILVIA. Hum, si je voulais, je vous répondrais bien là-dessus.
DORANTE. Répondez donc, je ne demande pas mieux que de me tromper. Mais que dis-je! Mario vous aime[1].
SILVIA. Cela est vrai.

---

dévolu à des tiers : il s'agit, explique Jean Rousset, « de faciliter ou de provoquer sans en avoir l'air un aveu qui tarde, parce que les cœurs marivaudiens sont lents, ou un aveu qui se refuse, parce que les cœurs se dérobent ou se dissimulent » (*Forme et signification*, *op. cit.*, p. 57). La répartition des rôles est généralement la suivante : le tiers facilite l'aveu à soi, tandis que l'amant pousse à l'aveu *tout court*.

1. Lors de la dernière scène de l'acte II, Silvia avait demandé à son frère Mario – que Dorante ne sait pas être le frère de celle qu'il prend pour Lisette – de « feindre de [l]'aimer ».

DORANTE. Vous êtes sensible à son amour, je l'ai vu par l'extrême envie que vous aviez tantôt que je m'en allasse, ainsi, vous ne sauriez m'aimer.
SILVIA. Je suis sensible à son amour, qui est-ce qui vous l'a dit ? Je ne saurais vous aimer, qu'en savez-vous ? Vous décidez bien vite.
DORANTE. Eh bien, Lisette, par tout ce que vous avez de plus cher au monde, instruisez-moi de ce qui en est, je vous en conjure.
SILVIA. Instruire un homme qui part !
DORANTE. Je ne partirai point.
SILVIA. Laissez-moi, tenez, si vous m'aimez, ne m'interrogez point. Vous ne craignez que mon indifférence et vous êtes trop heureux que je me taise. Que vous importent mes sentiments ?
DORANTE. Ce qu'ils m'importent, Lisette ? peux-tu douter encore que je ne t'adore ?
SILVIA. Non, et vous me le répétez si souvent que je vous crois ; mais pourquoi m'en persuadez-vous, que voulez-vous que je fasse de cette pensée-là, Monsieur ? je vais vous parler à cœur ouvert, vous m'aimez, mais votre amour n'est pas une chose bien sérieuse pour vous ; que de ressources n'avez-vous pas pour vous en défaire ! la distance qu'il y a de vous à moi, mille objets que vous allez trouver sur votre chemin, l'envie qu'on aura de vous rendre sensible, les amusements d'un homme de votre condition, tout va vous ôter cet amour dont vous m'entretenez impitoyablement, vous en rirez peut-être au sortir d'ici, et vous aurez raison ; mais moi, Monsieur, si je m'en ressouviens, comme j'en ai peur, s'il m'a frappée, quel secours aurai-je contre l'impression qu'il m'aura faite ? qui est-ce qui me dédommagera de votre perte ? qui voulez-vous que mon cœur mette à votre place ? savez-vous bien que si je vous aimais, tout ce qu'il y a de plus grand dans le monde ne me toucherait plus ? jugez donc de l'état où je resterais, ayez la générosité de me cacher votre amour : moi qui vous parle, je me ferais un scrupule de vous dire que je vous aime, dans les dispositions où vous êtes, l'aveu de mes sentiments pourrait exposer votre raison, et vous voyez bien aussi que je vous les cache.
DORANTE. Ah, ma chère Lisette, que viens-je d'entendre ! tes paroles ont un feu qui me pénètre, je t'adore, je te respecte, il n'est ni rang, ni naissance, ni fortune qui ne dispa-

raisse devant une âme comme la tienne ; j'aurais honte que mon orgueil tînt encore contre toi, et mon cœur et ma main t'appartiennent.

SILVIA. En vérité ne mériteriez-vous pas que je les prisse, ne faut-il pas être bien généreuse pour vous dissimuler le plaisir qu'ils me font, et croyez-vous que cela puisse durer ?

DORANTE. Vous m'aimez donc ?

SILVIA. Non, non ; mais si vous me le demandez encore, tant pis pour vous.

DORANTE. Vos menaces ne me font point de peur.

SILVIA. Et Mario, vous n'y songez donc plus ?

DORANTE. Non, Lisette ; Mario ne m'alarme plus, vous ne l'aimez point, vous ne pouvez plus me tromper, vous avez le cœur vrai, vous êtes sensible à ma tendresse : je ne saurais en douter au transport qui m'a pris, j'en suis sûr, et vous ne sauriez plus m'ôter cette certitude-là.

SILVIA. Oh, je n'y tâcherai point, gardez-la, nous verrons ce que vous en ferez.

DORANTE. Ne consentez-vous pas d'être à moi ?

SILVIA. Quoi, vous m'épouserez malgré ce que vous êtes, malgré la colère d'un père, malgré votre fortune ?

DORANTE. Mon père me pardonnera dès qu'il vous aura vue, ma fortune nous suffit à tous deux, et le mérite vaut bien la naissance : ne disputons point, car je ne changerai jamais.

SILVIA. Il ne changera jamais ! savez-vous bien que vous me charmez, Dorante ?

DORANTE. Ne gênez donc plus votre tendresse, et laissez-la répondre...

SILVIA. Enfin, j'en suis venue à bout ; vous, vous ne changerez jamais ?

DORANTE. Non, ma chère Lisette.

SILVIA. Que d'amour[1] !

Damien CRELIER

1. Marivaux, *Le Jeu de l'amour et du hasard*, acte III, scène 8, éd. citée, p. 653-656.

5 — *L'amour, l'argent*

Que ses pouvoirs s'exercent au détriment ou au bénéfice de la séduction, qu'il constitue un obstacle ou bien au contraire un adjuvant puissant à la réunion des cœurs amoureux, l'argent est très souvent lié à l'amour dans les comédies marivaudiennes. Dans *Les Fausses Confidences*, il est au centre de tout, comme le souligne Claude Roy :

> C'est un théâtre où la question de l'argent se pose aussi violemment que dans l'œuvre de Balzac. Ce n'est pas un hasard qui fait s'ouvrir *Les Fausses Confidences* sur ces mots : *Elle a plus de cinquante mille livres de rente, Dubois*; ce n'est pas un hasard qui fait du notaire le sempiternel *deus ex machina* de ses œuvres; qui oppose ses amants au mécanisme d'une société où le mariage doit être de raison sans se préoccuper d'être de cœur. Et, bien souvent, la peinture vraie s'achève en revendication : *Allez, vous êtes mon Prince*, dit Arlequin, *et je vous aime bien; mais je suis votre sujet, et cela mérite quelque chose*[1].

Dans *Les Fausses Confidences*, l'argent est possession féminine. La conquête amoureuse se double donc d'une opération financière avantageuse. Le motif de la femme riche est d'ailleurs accentué par le sosie que l'on présente comme rivale à Araminte, et que Monsieur Remy lui décrit ainsi : « c'est une dame de trente-cinq ans, qu'on dit jolie femme, estimable, et de quelque distinction; qui ne déclare pas son nom; qui dit que j'ai été son procureur; qui a quinze mille livres de rente pour le moins, ce qu'elle prouvera » (II, 2). Dorante refuse bien sûr avec

---

1. Claude Roy, *La Main heureuse*, Gallimard, 1958 (cité dans Marivaux, *Les Fausses Confidences*, Le Programme, Comédie-Française, octobre 1996, p. 11).

ostentation cette belle dame, qui est riche elle aussi mais sensiblement moins qu'Araminte. Même Marton a des espérances : d'une part, elle convoite les mille écus que lui a promis le Comte pour son aide; de l'autre, elle a (toujours selon Monsieur Remy) «une vieille parente asthmatique dont elle hérite, et qui est à son aise» (I, 3).

L'AMOUR À L'ÉPREUVE DE L'ARGENT

Cette situation se retrouve, poussée au noir, dans *La Fausse Suivante*, pièce dans laquelle les deux héroïnes sont riches, alors que le héros, Lélio, ne cesse d'imaginer de nouvelles combinaisons pour en tirer quelque profit substantiel et considère les femmes uniquement comme des moyens pour obtenir de l'argent. Cette fois, le «fourbe» sera «puni», comme l'indique le second titre de la comédie. Il perdra et son dédit et la fortune de sa promise :

> LA COMTESSE. [...] et le dédit, qu'en ferons-nous, Monsieur?
> LÉLIO. Nous le tiendrons, Madame; j'aurai l'honneur de vous épouser.
> LA COMTESSE. Quoi donc! vous m'épouserez, et vous ne m'aimez plus!
> LÉLIO. Cela n'y fait de rien, Madame; cela ne doit pas vous arrêter.
> LA COMTESSE. Allez, je vous méprise, et ne veux point de vous.
> LÉLIO. Et le dédit, Madame, vous voulez donc bien l'acquitter?
> LA COMTESSE. Qu'entends-je, Lélio? Où est la probité?
> LE CHEVALIER. Monsieur ne pourra guère vous en dire des nouvelles; je ne crois pas qu'elle soit de sa connaissance. Mais il n'est pas juste qu'un misérable dédit vous brouille ensemble; tenez, ne vous gênez plus ni l'un ni l'autre; le voilà rompu. Ah! Ah! Ah!
> LÉLIO. Ah, fourbe!

LE CHEVALIER, *riant*. Ah ! Ah ! Ah ! consolez-vous, Lélio, il vous reste une demoiselle de douze mille livres de rente ; ah ! ah ! On vous a écrit qu'elle était belle ; on vous a trompé, car la voilà ; mon visage est l'original du sien [1].

Dans *La Fausse Suivante*, seuls les valets reçoivent quelque récompense. La pièce ne finit bien que pour eux :

LE CHEVALIER. [...] À votre égard, seigneur Lélio, voici votre bague. Vous me l'avez donnée de bon cœur, et j'en dispose en faveur de Trivelin et d'Arlequin. Tenez, mes enfants, vendez cela, et partagez-en l'argent.
TRIVELIN et ARLEQUIN. Grand merci [2] !

À l'inverse, dans *L'Épreuve*, Lucidor est riche. Angélique ne l'est pas. Tous deux sont amoureux et vertueux. L'argent ne constituera donc qu'un obstacle imaginaire à leur tendresse. Une épreuve suffira à le dissiper. Si Lucidor essaye de tenter Angélique en lui proposant de riches prétendants (son valet Frontin déguisé en seigneur fortuné, Maître Blaise doté de vingt mille livres de rente), il ne parvient à rien si ce n'est à provoquer les larmes d'un désespoir qui n'est pas feint :

LUCIDOR. Votre mère consent à tout, belle Angélique ; j'en ai sa parole, et votre mariage avec Maître Blaise est conclu, moyennant les vingt mille francs que je donne. Ainsi vous n'avez qu'à venir tous deux l'en remercier.
MAÎTRE BLAISE. Point du tout ; il y a un autre vertigo qui la tient ; elle a de l'aversion pour le magot de vingt mille francs, à cause de vous qui les délivrez ; elle ne veut point de moi si je les prends, et je veux du magot avec elle.
ANGÉLIQUE, *s'en allant*. Et moi, je ne veux plus de qui que ce soit au monde [3].

---

1. Marivaux, *La Fausse Suivante*, acte III, scène 9, GF-Flammarion, 1992, p. 129.
2. *Ibid.*, p. 130.
3. *L'Épreuve*, scène 20, GF-Flammarion, 1991, p. 93.

Devant tant de vertu et de tendresse désintéressée, Lucidor se rend enfin, mettant un terme à l'épreuve et à la comédie :

> LUCIDOR. Vous m'aimez donc ?
> ANGÉLIQUE. Ai-je jamais fait autre chose ?
> LUCIDOR, *se mettant tout à fait à genoux*. Vous me transportez, Angélique[1].

Enfin, dans *Le Legs*, comédie dont le titre est sans ambiguïté et qui précède de peu *Les Fausses Confidences* dans la chronologie des pièces[2], un testament met malencontreusement en opposition les cœurs et les intérêts des personnages. Pourtant la situation paraît simple au départ :

> HORTENSE. Je ne risque rien, vous dis-je. Raisonnons. Défunt son parent, et le mien, lui laisse six cent mille francs, à la charge, il est vrai, de m'épouser, ou de m'en donner deux cent mille ; cela est à son choix ; mais le Marquis ne sent rien pour moi. Je suis sûre qu'il a de l'inclination pour la Comtesse ; d'ailleurs, il est déjà assez riche par lui-même, voilà encore une succession de six cent mille francs qui lui vient, à laquelle il ne s'attendait pas ; et vous croyez que, plutôt que d'en distraire deux cent mille, il aimera mieux m'épouser, moi qui lui suit indifférente, pendant qu'il a de l'amour pour la Comtesse, qui peut-être ne le hait pas, et qui a plus de bien que moi ? Il n'y a pas d'apparence.

Mais le risque est grand que l'amour de l'argent ne l'emporte sur l'inclination des personnes :

> LE CHEVALIER. J'ai peur que l'événement ne vous trompe. Ce n'est pas un petit objet que deux cent mille francs qu'il faudra qu'on vous donne si l'on ne vous épouse pas…

Il faudra bien toute la détermination et l'habileté d'Hortense (qui rappellent celles de Dubois) pour réussir

1. *Ibid.*, scène 21, p. 93.
2. *Le Legs*, pièce créée le 11 juin 1736 à la Comédie-Française.

une opération qui répartisse équitablement les valeurs sentimentales et monétaires :

> HORTENSE. Eh ! non, vous dis-je. Laissez-moi faire. Je crois qu'il espère que ce sera moi qui le refuserai. Peut-être même feindra-t-il de consentir à notre union ; mais que cela ne vous épouvante pas. Vous n'êtes point assez riche pour m'épouser avec deux cent mille francs de moins ; je suis bien aise de vous les apporter en mariage[1].

UN THÈME CONTEMPORAIN

Amour et argent, inconciliables ou réconciliés, se conjuguent donc au fil des pièces de Marivaux, du *Legs* aux *Fausses Confidences*, de *La Fausse Suivante* à *L'Épreuve*. On peut y voir un attelage entre un thème universel et plus abstrait d'une part, un thème plus contemporain et concret de l'autre, qui fait osciller la comédie entre le virtuel du conte de fées (« ils se marièrent et eurent beaucoup d'enfants ») et le réalisme du drame bourgeois (« vous n'êtes pas assez riche pour m'épouser avec deux cent mille francs de moins »). Les dernières répliques des *Fausses Confidences* sont l'écho de cette dualité, Madame Argante s'exclamant à propos de l'argent qui échoit à Dorante (« La fortune à cet homme-là ! »), tandis qu'Arlequin songe déjà à la future progéniture de Dorante et d'Araminte (« l'original nous en fournira bien d'autres copies »). Si les données de l'intrigue se déclinent comme autant de rêveries ou d'expériences amoureuses, si chaque comédie peut être identifiée comme une nouvelle « surprise de l'amour[2] »,

1. Marivaux, *Le Legs*, scène 1, in *Théâtre complet*, éd. citée, t. II, p. 306.
2. Comme le remarque le marquis d'Argens au XVIIIe siècle, les pièces de Marivaux « pourraient presque toutes être appelées *La Surprise de l'amour* » (*Réflexions historiques et critiques sur le goût et sur les ouvrages des principaux auteurs anciens et modernes*, Amsterdam, chez François Changuion, 1743, p. 323).

il existe dans le théâtre marivaudien un réalisme de l'argent, d'autant plus fort qu'il est directement emprunté à l'époque.

Le XVIIIe siècle voit s'accroître le pouvoir de l'économie et des financiers, l'argent tendant de plus en plus sinon à créer une nouvelle hiérarchie sociale, du moins à ouvrir l'accès aux rangs les plus privilégiés de la société. De ce réel social, Marivaux se fait l'écho, à l'instar de ses contemporains. Goldoni [1] en particulier met en scène des héros très conscients du pouvoir de l'argent sur l'amour.

Dans *Le Véritable Ami* (1750), Lélio renonce à Rosaura dès qu'il apprend que celle-ci n'a pas de dot à apporter à son futur mari. Sa décision, une fois qu'elle est arrêtée, devient irrévocable, tant elle se fonde sur le simple constat d'une réalité économique toute-puissante :

> LÉLIO. Je vais vous dire pourquoi. J'ai parlé avec le vieil avare, le père de Rosaura, et il soutient qu'il n'a pas d'argent, qu'il ne peut pas donner de dot à sa fille. Moi, bien que j'aime Rosaura, je ne peux pas ruiner ma maison. Aussi dois-je la quitter; j'ai résolu de faire un voyage, et de partir avec vous.
>
> FLORINDO. Vous voulez abandonner Madame Rosaura?
>
> LÉLIO. Dites-moi, vous, ce que je dois faire? Dois-je l'épouser et précipiter ma ruine?
>
> FLORINDO. Je ne peux vous conseiller cela; mais je ne sais pas comment vous pourrez avoir le courage d'abandonner cette jeune fille.

À propos de la «surprise» et de ses effets sur l'action et les personnages chez Marivaux, on se reportera à la remarquable analyse qu'en fait Bernard Dort dans «À la recherche de l'amour et de la vérité. Esquisse d'un système marivaudien», art. cité, p. 41-70.

1. Carlo Goldoni (1707-1793) s'attache à réformer en Italie la *commedia dell'arte*. Il écrit plus de cent comédies mêlant le réalisme et la théâtralité, le rire et le sérieux. Parmi les plus célèbres, *Arlequin serviteur de deux maîtres*, *Barouf à Chioggia*, *La Locandiera*. En 1762, il quitte Venise pour rejoindre à Paris les Comédiens-Italiens. En 1771, il donne à la Comédie-Française une pièce écrite en français, *Le Bourru bienfaisant*.

LÉLIO. Soyez assuré que j'aurai beaucoup de peine à la quitter. Mais un homme d'honneur doit penser à ses affaires. Une épouse coûte cher.
FLORINDO. Vous avez raison, je ne sais pas quoi vous dire. Mais que fera cette pauvre malheureuse ?
LÉLIO. C'est ce qui me tourmente. Que fera Madame Rosaura ? Elle perdra misérablement sa jeunesse entre les mains de ce vieil avare.
FLORINDO. Pauvre enfant ! Elle me fait pitié.
LÉLIO. Qui sait si, pour ne pas lui donner de dot, il ne la mariera pas avec un homme ordinaire !
FLORINDO. Une beauté pareille ?
LÉLIO. C'est vrai, elle est belle, elle est gracieuse, elle a toutes les qualités.
FLORINDO. Et vous avez le courage de l'abandonner ?
LÉLIO. Il faut m'y résoudre, il faut que je la quitte.
FLORINDO. Vous êtes donc résolu ?
LÉLIO. J'ai décidé, je ne changerai pas d'avis.
FLORINDO. Vous quitterez Madame Rosaura ?
LÉLIO. Absolument [1].

La question de l'argent n'est résolue que dans les drames bourgeois [2], grâce au sacrifice vertueux de quelque héros, faisant don de sa fortune à un ami amoureux, ou à un retournement de situation aussi heureux qu'inattendu. Diderot présente successivement les deux cas de figure dans *Le Fils naturel* (1757) [3]. Dans un premier temps

1. Carlo Goldoni, *Le Véritable Ami*, texte français de F. Decroisette, dans *Les Femmes curieuses* suivi du *Véritable Ami*, Actes Sud-Papiers, 1996, p. 176-177.
2. Le drame bourgeois représente le genre sérieux, apparu au XVIIIe siècle et théorisé par Diderot (*Entretiens sur « Le Fils naturel »*, *Discours sur la poésie dramatique*) et Beaumarchais (*Essai sur le genre dramatique sérieux*). Ce genre, dit aussi « intermédiaire », se situe à mi-chemin de la comédie et de la tragédie. Au sein d'un milieu réaliste, il met en scène des personnages de condition bourgeoise qui, confrontés à des situations pathétiques, sont destinés à émouvoir et attendrir les spectateurs, afin de leur donner l'exemple de la vertu en même temps qu'une leçon de morale.
3. Rappelons que l'une des sources du *Fils naturel* est précisément *Le Véritable Ami* de Goldoni.

(III, 9), Dorval, personnage vertueux et exemplaire, fait don de ses biens à son ami Clairville afin que celui-ci puisse épouser celle qu'ils aiment tous deux, la belle Rosalie :

> DORVAL, *seul.* [...] Non, je n'enlèverai point à mon ami sa maîtresse. Je ne me dégraderai point jusque-là. Mon cœur m'en répond. Malheur à celui qui n'écoute point la voix de son cœur !... Mais Clairville n'a point de fortune. Rosalie n'en a plus... Il faut écarter ces obstacles. Je le puis. Je le veux. Y a-t-il quelque peine dont un acte généreux ne console ? Ah, je commence à respirer !... Si je n'épouse point Rosalie, qu'ai-je donc besoin de fortune ? Quel plus digne usage que d'en disposer en faveur de deux êtres qui me sont chers ? Hélas, à bien juger, ce sacrifice si peu commun n'est rien... Clairville me devra son bonheur !... Et Constance ?... Elle entendra de moi la vérité. Elle me connaîtra. Elle tremblera pour la femme qui oserait s'attacher à ma destinée... En rendant le calme à tout ce qui m'environne, je trouverai sans doute un repos qui me fuit ?... *(Il soupire)*... Dorval, pourquoi souffres-tu donc ? Pourquoi suis-je déchiré ? Ô vertu, n'ai-je point encore assez fait pour toi ! Mais Rosalie ne voudra point accepter de moi sa fortune. Elle connaît trop le prix de cette grâce pour l'accorder à un homme qu'elle doit haïr, mépriser... Il faudra donc la tromper !... Et si je m'y résous, comment y réussir ?... Prévenir l'arrivée de son père ?... Faire répandre par les papiers publics que le vaisseau qui portait sa fortune était assuré ?... Lui envoyer par un inconnu la valeur de ce qu'elle a perdu ?... Pourquoi non ?... Le moyen est naturel. Il me plaît. Il ne faut qu'un peu de célérité [1].

Puis, au dénouement du drame, le retour de Lysimond (V, 5), le père que l'on pensait mort, ramène à Rosalie (et à Clairville) des biens et une fortune qu'elle croyait perdus :

1. Diderot, *Le Fils naturel*, GF-Flammarion, 2005, p. 79.

LYSIMOND *pleurant, et s'essuyant les yeux avec la main, dit* : Celles-ci sont de joie, et ce seront les dernières... Je vous laisse une grande fortune. Jouissez-en comme je l'ai acquise. Ma richesse ne coûta jamais rien à ma probité. Mes enfants, vous la pourrez posséder sans remords... Rosalie, tu regardes ton frère, et tes yeux baignés de larmes reviennent sur moi... Mon enfant, tu sauras tout ; je te l'ai déjà dit... Épargne cet aveu à ton père, à un frère sensible et délicat... Le ciel qui a trempé d'amertumes toute ma vie, ne m'a réservé de purs que ces derniers instants. Cher enfant, laisse-m'en jouir... Tout est arrangé entre vous... Ma fille, voilà l'état de mes biens...[1].

Cette richesse retrouvée dévoile enfin le sacrifice secrètement accompli par Dorval et la noblesse morale du héros (V, 5) :

ROSALIE. Qu'entends-je ? Mon père... on m'a remis... *(Elle présente à son père le portefeuille envoyé par Dorval.)*
LYSIMOND. On t'a remis... Voyons... *(Il ouvre le portefeuille, il examine ce qu'il contient, et dit :)*... Dorval, tu peux seul éclaircir ce mystère. Ces effets t'appartenaient. Parle. Dis-nous comment ils se trouvent entre les mains de ta sœur.
CLAIRVILLE, *vivement.* J'ai tout compris. Il exposa sa vie pour moi ; il me sacrifiait sa fortune[2] !

Dans le drame bourgeois non plus, l'amour ne peut guère se passer d'argent, mais l'obtention de l'un et de l'autre n'est plus affaire de séduction ou de stratagème : elle devient une épreuve de la vertu.

1. *Ibid.*, p. 101-102.
2. *Ibid.*, p. 102.

6 — *Le personnage de la veuve*

Araminte est jeune, riche et veuve. « Veuve d'un mari qui avait une charge dans les finances », elle possède, on le sait, « plus de cinquante mille livres de rente », « un rang dans le monde » (I, 2). Il s'agit là d'une situation personnelle et sociale fréquente à une époque où les jeunes filles nobles ou bourgeoises épousent souvent un homme plus âgé qu'elles. Ainsi, le personnage de la jeune veuve parcourt la littérature des XVIIe et XVIIIe siècles. Voici le portrait qu'en brosse La Fontaine :

> La perte d'un époux ne va point sans soupirs.
> On fait beaucoup de bruit, et puis on se console.
> Sur les ailes du Temps la tristesse s'envole ;
> Le Temps ramène les plaisirs.
> Entre la Veuve d'une année
> Et la Veuve d'une journée
> La différence est grande : on ne croirait jamais
> Que ce fût la même personne.
> L'une fait fuir les gens, et l'autre a mille attraits.
> Aux soupirs vrais ou faux celle-là s'abandonne ;
> C'est toujours même note et pareil entretien :
> On dit qu'on est inconsolable ;
> On le dit, mais il n'en est rien,
> Comme on verra par cette Fable,
> Ou plutôt par la vérité[1].

---

1. La Fontaine, « La jeune veuve », *Fables*, VI, 21.

LE PERSONNAGE DRAMATIQUE

La condition de veuve est en effet la seule position qui permette à la femme, dans la société de l'Ancien Régime, d'être entièrement libre de disposer d'elle-même. Affranchie de l'autorité d'un père, libérée de la tutelle d'un mari, la veuve, si elle est jeune et pour peu qu'elle dispose de quelques biens, jouit d'une indépendance enviable, qui l'autorise à prendre pour second mari l'élu de son choix. Ce libre arbitre se manifeste au théâtre, par exemple à travers le personnage de Clarice, dans la comédie de Corneille qui s'intitule précisément *La Veuve*[1]. Comme elle le déclare à sa nourrice, Clarice, jeune veuve d'Alcandre, entend bien aimer à nouveau. Mieux, elle veut aimer Philiste :

CLARICE

Tu me veux détourner d'une seconde flamme,
Dont je ne pense pas qu'autre que toi me blâme.
Être veuve à mon âge, et toujours déplorer
La perte d'un mari que je puis réparer !
Refuser d'un amant ce doux nom de maîtresse !
N'avoir que des mépris pour les vœux qu'il m'adresse !
Le voir toujours languir dessous ma dure loi !
Cette vertu, Nourrice, est trop haute pour moi.

LA NOURRICE

Madame, mon avis au vôtre ne résiste
Qu'alors que votre ardeur se porte vers Philiste.
Aimez, aimez quelqu'un ; mais comme à l'autre fois,
Qu'un lieu digne de vous arrête votre choix.

CLARICE

Brise là ce discours dont mon amour s'irrite :
Philiste n'en voit point qui le passe en mérite.

---

1. Corneille, *La Veuve ou le Traître trahi*, comédie créée en 1631 ou 1632, publiée en 1644.

LA NOURRICE
Je ne remarque en lui rien que de fort commun,
Sinon que plus qu'un autre il se rend importun.

CLARICE
Que ton aveuglement en ce point est extrême!
Et que tu connais mal et Philiste et moi-même,
Si tu crois que l'excès de sa civilité
Passa jamais chez moi pour importunité!

LA NOURRICE
Ce cajoleur rusé, qui toujours vous assiège,
A tant fait qu'à la fin vous tombez dans son piège.

CLARICE
Ce cavalier parfait, de qui je tiens le cœur,
A tant fait que du mien il s'est rendu vainqueur.

LA NOURRICE
Il aime votre bien, et non votre personne.

CLARICE
Son vertueux amour l'un et l'autre lui donne;
Ce m'est trop d'heur encor, dans le peu que je vaux,
Qu'un peu de bien que j'ai supplée à mes défauts.

LA NOURRICE
La mémoire d'Alcandre, et le rang qu'il vous laisse,
Voudraient un successeur de plus haute noblesse.

CLARICE
S'il précéda Philiste en vaines dignités,
Philiste le devance en rares qualités;
Il est né gentilhomme, et sa vertu répare
Tout ce dont la fortune envers lui fut avare :
Nous avons, elle et moi, trop de quoi l'agrandir[1].

Parfois, il arrive que la jeune veuve, trop éprise de liberté et de coquetterie, refuse en définitive de se marier à nouveau. Alceste, dans *Le Misanthrope* (1666), vérifiera à ses dépens qu'il n'est pas raisonnable d'être amou-

1. Corneille, *La Veuve ou le Traître trahi,* acte II, scène 2, in *Théâtre*, GF-Flammarion, 1968, t. I, p. 164-165.

reux quand on est atrabilaire, surtout quand cet amour a pour objet la belle et frivole Célimène[1] :

ALCESTE

Non, l'amour que je sens pour cette jeune veuve
Ne ferme point mes yeux aux défauts qu'on lui treuve,
Et je suis, quelque ardeur qu'elle m'ait pu donner,
Le premier à les voir, comme à les condamner.
Mais, avec tout cela, quoi que je puisse faire,
Je confesse mon faible, elle a l'art de me plaire :
J'ai beau voir ses défauts, et j'ai beau l'en blâmer,
En dépit qu'on en ait, elle se fait aimer ;
Sa grâce est la plus forte ; et sans doute ma flamme
De ces vices du temps pourra purger son âme.

PHILINTE

Si vous faites cela, vous ne ferez pas peu.
Vous croyez être donc aimé d'elle ?

ALCESTE

Oui, parbleu !
Je ne l'aimerais pas, si je ne croyais l'être.

PHILINTE

Mais si son amitié pour vous se fait paraître,
D'où vient que vos rivaux vous causent de l'ennui ?

ALCESTE

C'est qu'un cœur bien atteint veut qu'on soit tout à lui,
Et je ne viens ici qu'à dessein de lui dire
Tout ce que là-dessus ma passion m'inspire.

PHILINTE

Pour moi, si je n'avais qu'à former des désirs,
La cousine Éliante aurait tous mes soupirs ;
Son cœur, qui vous estime, est solide et sincère,
Et ce choix plus conforme était mieux votre affaire.

---

1. Dans *Le Misanthrope*, on voit nettement se dessiner une opposition entre le personnage de la jeune veuve, riche, belle et désirable, incarné par Célimène, et celui de la vieille fille, fausse prude ou laideron laissé pour compte, que représente Arsinoé. Alors qu'ils poursuivent de leurs feux les veuves séduisantes, les héros masculins passent leur temps à fuir les vieilles coquettes célibataires.

ALCESTE
Il est vrai : ma raison me le dit chaque jour ;
Mais la raison n'est pas ce qui règle l'amour.

PHILINTE
Je crains fort pour vos feux ; et l'espoir où vous êtes
Pourrait[1]...

En composant le personnage de la veuve, cependant, Marivaux ne s'inscrit pas seulement dans une tradition théâtrale. La veuve est en effet aussi une figure romanesque : dans l'« Histoire de Monsieur Dupuis et de Madame de Londé » de Robert Challe[2] – récit qui fut sans doute l'une des sources de Marivaux pour *Les Fausses Confidences* –, Madame de Londé, « charmante veuve » dont Monsieur Dupuis est fortement épris, revendique sa liberté et refuse le mariage, en dépit des manœuvres du valet d'intrigue Poitiers. Il semblerait donc que Marivaux ne se soit inspiré que de la situation de départ de cet épisode des *Illustres Françaises*, pour concevoir un dénouement différent, avec le mariage de Dorante et Araminte.

Veuves marivaudiennes

Chez Marivaux, l'amour finit en effet par triompher dans le cœur de ces jeunes veuves, dont l'état pourtant ne manque pas d'agrément : « Et d'ailleurs, votre situation est si tranquille et si douce » (Dorante, I, 15), et dont l'aversion pour un second mariage semble parfois insurmontable.

Dans *La Surprise de l'amour* (1722), la Comtesse, jeune veuve qui « se divertit à mépriser les hommes », fait ainsi la connaissance de Lélio qui, trahi par sa maîtresse, se plaît lui-même à dédaigner les femmes :

1. Molière, *Le Misanthrope*, acte I, scène 1, GF-Flammarion, 1997, p. 61.
2. Robert Challe, « Histoire de Monsieur Dupuis et de Madame de Londé », *Les Illustres Françaises* (1713), Droz, 1991.

ARLEQUIN, *revenant à son maître.* Monsieur, mon cher maître, il y a une mauvaise nouvelle.
LÉLIO. Qu'est-ce que c'est ?
ARLEQUIN. Vous avez entendu parler de cette Comtesse qui a acheté depuis un an cette belle maison près de la vôtre ?
LÉLIO. Oui.
ARLEQUIN. Eh bien, on m'a dit que cette Comtesse est ici, et qu'elle veut vous parler : j'ai mauvaise opinion de cela.
LÉLIO. Eh ! morbleu ! toujours des femmes ! Eh ! que me veut-elle ?
ARLEQUIN. Je n'en sais rien ; mais on dit qu'elle est belle et veuve ; et je gage qu'elle est encline à faire du mal.
LÉLIO. Et moi enclin à l'éviter. Je ne me soucie ni de sa beauté, ni de son veuvage.
ARLEQUIN. Que le ciel vous maintienne dans cette bonne disposition ! Ouf !
LÉLIO. Qu'as-tu ?
ARLEQUIN. C'est qu'on dit qu'il y a aussi une fille de chambre avec elle, et voilà mes émotions de cœur qui me prennent.
LÉLIO. Benêt ! une femme te fait peur ?
ARLEQUIN. Hélas ! Monsieur, j'espère en vous et en votre assistance.
LÉLIO. Je crois que les voilà qui se promènent ; retirons-nous.

Ils se retirent[1].

Malgré ces préjugés, ils seront tous deux « surpris » par l'amour et conduits enfin au mariage, ce dont se réjouissent valet, servante et jardinier :

ARLEQUIN. *Vivat !* Enfin, voilà la fin.
COLOMBINE. Je suis contente de vous, Monsieur Lélio.
PIERRE. Parguenne ! ça boute la joie au cœur[2].

Quant à la Marquise de *La Seconde Surprise de l'amour* (1727), qui pleure encore la mort de son premier mari…

1. Marivaux, *La Surprise de l'amour*, acte I, scène 5, in *Théâtre complet*, éd. citée, t. I, p. 148-149.
2. *Ibid.*, acte III, scène 6, éd. citée, t. I, p. 187.

LA MARQUISE. Eh ! laissez-moi, je dois soupirer toute ma vie.
LISETTE. Vous devez, dites-vous ? Oh, vous ne payerez jamais cette dette-là ; vous êtes trop jeune, elle ne saurait être sérieuse.
LA MARQUISE. Eh ! ce que je dis là n'est que trop vrai : il n'y a plus de consolation pour moi, il n'y en a plus ; après deux ans de l'amour le plus tendre, épouser ce que l'on aime, ce qu'il y avait de plus aimable au monde, l'épouser, et le perdre un mois après !
LISETTE. Un mois ! c'est toujours autant* de pris[1]. Je connais une dame qui n'a gardé son mari que deux jours ; c'est cela qui est piquant.
LA MARQUISE. J'ai tout perdu, vous dis-je.
LISETTE. Tout perdu ! Vous me faites trembler : est-ce que tous les hommes sont morts ?
LA MARQUISE. Eh ! que m'importe qu'il reste des hommes ?
LISETTE. Ah ! Madame, que dites-vous là ? Que le ciel les conserve ! ne méprisons jamais nos ressources[2].

… elle se laissera consoler par un autre inconsolable, le Chevalier :

LE COMTE. Que vois-je, Monsieur le Chevalier ? voilà de grands transports !
LE CHEVALIER. Il est vrai, Monsieur le Comte ; quand vous me disiez que j'aimais Madame, vous connaissiez mieux mon cœur que moi ; mais j'étais dans la bonne foi, et je suis sûr de vous paraître excusable.
LE COMTE. Et vous, Madame ?
LA MARQUISE. Je ne croyais pas l'amitié si dangereuse.
LE COMTE. Ah ! Ciel[3] !

---

1. Ce pragmatisme est habituel à Lisette qui, à la fois femme et suivante, ne se fait guère d'illusions sur l'amour et le mariage. Elle est elle-même prête à profiter de chaque bonne occasion et oppose aux rêveries ainsi qu'aux interrogations sentimentales de sa maîtresse un bon sens qui ne se dément pas. Par exemple, dans *Le Jeu de l'amour et du hasard*, face aux doutes et à l'angoisse de Silvia devant le mariage, Lisette répond par cette évidence péremptoire : « Un mari ? c'est un mari. »

2. Marivaux, *La Seconde Surprise de l'amour*, acte I, scène 1, in *Théâtre complet*, éd. citée, t. I, p. 463.

3. *Ibid.*, acte III, scène 16, t. I, p. 512.

7 — *Le point de vue des metteurs en scène*

Jean-Louis Barrault

Le 24 octobre 1946, à l'occasion de l'ouverture du théâtre Marigny et de la naissance de la Compagnie Renaud-Barrault, Jean-Louis Barrault met en scène *Les Fausses Confidences.* La distribution est brillante et nuancée. Madeleine Renaud est une exquise Araminte, malicieuse et tendre. Jean Desailly interprète un Dorante sensible et émouvant. Barrault joue lui-même le rôle de Dubois, étonné, empressé, rusé. Le décor de Maurice Brianchon figure des feuillages printaniers sur un ciel mauve, avec, au centre, des meubles blanc et or. Il ouvre sur une terrasse ensoleillée, un jardin verdoyant et fleuri. Le succès est quasi unanime. Dès lors, *Les Fausses Confidences* devient l'une des pièces les plus souvent reprises par la Compagnie Renaud-Barrault : en tournée (de 1946 à 1953) puis à l'Odéon-Théâtre de France (de 1959 à 1962). Selon Jean-Louis Barrault :

> Sur le plan particulier du théâtre, il faut considérer deux Marivaux :
>
> Celui qui écrivit pour les Comédiens-Italiens et en particulier pour la célèbre actrice Silvia, et celui qui écrivit pour les Comédiens-Français, notamment Adrienne Lecouvreur. Le premier garde l'odeur des tréteaux, le mouvement des sauteurs, les séductions du masque. À ce Marivaux appartiennent : *Arlequin poli par l'amour*, *Le Jeu de l'amour et du hasard* et surtout *La Double Inconstance.*
>
> Le second est en quelque sorte plus bourgeois, mais plus parisien aussi, plus aigu dans ce raffinement de joute amoureuse.

Dorante (Jean Desailly), Dubois (Jean-Louis Barrault)
et Araminte (Madeleine Renaud),
dans la mise en scène des *Fausses Confidences*
par Jean-Louis Barrault (théâtre Marigny, 1946).

Une des pièces les plus réjouissantes de ce deuxième genre est peut-être *La Seconde Surprise de l'amour.*

La pièce *Les Fausses Confidences* qui fut écrite pour les Comédiens-Italiens pourrait se rattacher aux deux genres, aussi fut-elle, au XIXe siècle et jusqu'à maintenant, tirée vers le genre Comédie-Française parce que sans doute apparaît le thème bourgeois, mais en fait sa présentation doit obéir de par la volonté de l'auteur aux rythmes de la comédie italienne. C'est, en tout cas, à cette discipline que nous avons tâché de nous plier lorsque nous présentâmes *Les Fausses Confidence* en octobre 1946[1].

JACQUES LASSALLE

Entre 1967 et 1993, Jacques Lassalle a monté au total sept pièces de Marivaux, des pièces en un acte comme *L'Épreuve* et *Les Acteurs de bonne foi* ou de grandes comédies comme *L'Heureux Stratagème* et *Les Fausses Confidences.* La mise en scène des *Fausses Confidences* au Studio-Théâtre de Vitry en 1978 représente une étape importante de ce parcours marivaudien. La scénographie tout d'abord est remarquable. Le travail de Yannis Kokkos porte sur la création d'un espace, rythmé par certaines formes : la ligne droite d'un grand mur nu, dont les couleurs rappellent Chardin, la peinture du XVIIIe siècle, la courbure et la verticalité d'un grand escalier, qui relie la salle basse de la maison de Madame Argante aux appartements d'Araminte. L'interprétation des personnages est par ailleurs renouvelée. Avec Emmanuelle Riva dans le rôle d'Araminte, Pierre Banderet dans celui de Dorante, Maurice Garrel dans celui de Dubois, Jacques Lassalle donne une lecture plus ambiguë, plus inquiétante aussi, du petit monde des *Fausses Confidences* :

1. Jean-Louis Barrault, *Cahiers Renaud-Barrault*, n° 28, janvier 1960, p. 9-10.

En ce qui concerne *Les Fausses Confidences*, c'était mon moment Chardin… Avec Yannis Kokkos, nous avons beaucoup travaillé sur le fond : le fondu de la peinture sur laquelle les personnages se détachaient. Et puis sur l'ambivalence. Sur cette intuition que le théâtre de Marivaux n'était pas qu'une marche égale et finalement tranquille vers la conciliation du sentiment et de la condition. Au contraire, l'œuvre marivaudienne s'inscrit dans cette extraordinaire vacance où le personnage se donne congé à lui-même de tout ce qu'il était jusqu'alors et probablement de tout ce qu'il redeviendra ensuite. Plutôt que de distinguer dans le stratagème, dans l'épreuve, dans le masque, le mensonge pour accéder à la vérité, le prix à payer pour l'aveu et la récupération sociale du sentiment amoureux, j'y voyais une formidable tentation, une incartade vertigineuse dont beaucoup de personnages ne reviennent pas. La jeune fille de *La Fausse Suivante*, partie avec le projet tout à fait honorable de punir un prétendant sans scrupules, finit par regretter, comme un travesti de Shakespeare, l'obligation de retrouver sa condition et choisit probablement celui-là même qu'elle était venue châtier. Araminte lui ressemble : sans illusion aucune, bravant son milieu, elle s'offre ce singulier intendant, qui concilie particulièrement bien la conquête amoureuse et la promotion sociale, l'accès à la fortune[1].

JEAN-PIERRE MIQUEL

Après avoir monté *La Double Inconstance* au théâtre du Vieux-Colombier en 1995, Jean-Pierre Miquel, administrateur de la Comédie-Française, met en scène *Les Fausses Confidences* en octobre 1996 salle Richelieu. La dernière présentation de la pièce avait été dirigée par Michel Etcheverry en 1977 et jouée jusqu'en 1980. Dans un décor de Dominique Schmitt, intemporel et caractérisé par un jeu de rideaux, blancs ou imprimés, Jean-Pierre Miquel nous montre des personnages qui s'affrontent, se confrontent,

1. Jacques Lassalle, « Cet indécidable sourire », art. cité, p. 23.

face à face ou assis autour d'une table qui les rassemble. La distribution, avec Cécile Brune dans le rôle d'Araminte, Laurent d'Olce dans celui de Dorante, Gérard Giroudon en Dubois, renouvelle l'interprétation de Madame Argante (Catherine Samie) et du Comte (Andrzej Seweryn), mettant ainsi en avant la place qu'ils occupent au sein de l'univers familial et social d'Araminte.

> Au centre d'un monde domestique – fait de manipulations, pressions, complots et intrigues en tous genres dans le but de gagner de l'argent et de s'élever socialement –, Araminte accomplit un parcours qui s'apparente fortement à l'itinéraire d'un personnage tragique.
>
> Victime d'un environnement médiocre typiquement « dramatique », totalement « dans le monde », emprisonnée dans les usages et les contraintes, Araminte va profiter d'une « Surprise de l'amour » pour affirmer son autonomie et sa liberté, en tranchant les liens ontologiques avec sa mère et la société, en transgressant les règles : elle changera ainsi d'univers, entrant dans celui du pardon et d'un amour qu'elle espère joyeux, au-delà des rancœurs, vengeances et autres luttes pour des bribes de pouvoir qu'elle estime dérisoires.
>
> Ridiculisant avec mépris la petite société qui l'entoure, Araminte réalisera en un temps bref une transformation intérieure, un effort de lucidité et de courage pour se vaincre elle-même et pour se hisser au-dessus des contingences ordinaires.
>
> Dans l'ultime volet d'un théâtre où n'apparaît jamais un couple marié – alors que l'on y finit toujours par une promesse de mariage –, Marivaux nous livre une « comédie héroïque » fortement ancrée dans le réel bourgeois, mais où personne ne s'avance masqué ou travesti. C'est le geste d'Araminte qui constitue la critique des comportements individuels et sociaux, des vanités communes dont elle était aussi la proie.
>
> *Les Fausses Confidences* nous apparaissent ainsi comme une tragédie bourgeoise, plus proche de nous que Corneille et Racine, mais rendant exemplaires les mêmes capacités à sortir du vulgaire pour tenter une libération de l'être[1].

1. Jean-Pierre Miquel, in Marivaux, *Les Fausses Confidences*, Le Programme, Comédie-Française, octobre 1996, p. 19.

CHRONOLOGIE

CHRONOLOGIE

	REPÈRES HISTORIQUES ET CULTURELS	VIE ET ŒUVRES DE MARIVAUX
1673	Mort de Molière.	
1680	Fondation de la Comédie-Française. Les Comédiens-Italiens s'établissent à l'Hôtel de Bourgogne.	
1684	Mort de Corneille. Naissance de Watteau, les Italiens sont autorisés à jouer en français.	
1688		(4 février) Naissance à Paris de Pierre Carlet (qui se fera appeler Marivaux à partir de 1715), fils de Nicolas Carlet, fonctionnaire dans l'administration de la marine, et de Marie-Anne Bullet.
1689	Naissance de Montesquieu.	
1691	Racine : *Athalie.*	
1694	Naissance de Voltaire.	
1697	Les Comédiens-Italiens sont chassés de Paris.	
1698		(1er décembre) Nicolas Carlet s'installe avec sa famille à Riom, où il a obtenu la charge de contrôleur de la Monnaie.
1701-1714	Guerre de Succession d'Espagne.	

1707	Naissance de Goldoni.	
1709	Lesage : *Turcaret*.	
1710		(30 novembre) Marivaux s'inscrit à l'École de droit de Paris.
1712	Naissance de Rousseau.	(22 mars) La première pièce de Marivaux, *Le Père prudent et équitable*, est donnée dans un théâtre de société à Limoges. (8 décembre) Approbation d'un roman parodique, *Pharsamon ou les Nouvelles Folies romanesques* (publié en 1737).
1713	Naissance de Diderot.	Publication de deux romans (*Les Effets surprenants de la sympathie*, *La Voiture embourbée*) et d'un récit satirique (*Le Bilboquet*).
1714	George Ier roi d'Angleterre.	
1715	Mort de Louis XIV. Régence de Philippe, duc d'Orléans.	Marivaux prend part à la seconde Querelle des Anciens et des Modernes. Se rangeant dans le parti des Modernes, il rédige une *Iliade travestie* (publiée en 1716), suivie d'un *Télémaque travesti*, qui ne sera édité qu'en 1736.
1716	Le banquier écossais Law fonde à Paris la Banque générale. Arrivée à Paris du Nouveau Théâtre-Italien (dirigé par Luigi Riccoboni).	

	REPÈRES HISTORIQUES ET CULTURELS	VIE ET ŒUVRES DE MARIVAUX
1717		(7 juillet) Mariage avec Colombe Bologne, née en 1683 et dont la dot s'élève à 40 000 livres. En août, Marivaux commence sa collaboration au *Mercure*.
1719		(26 janvier) Naissance de Colombe Prospère, fille de Marivaux. (14 avril) Mort du père de Marivaux. (5 août) *La Mort d'Annibal*, première (et dernière) tragédie en vers de Marivaux, est acceptée par les Comédiens-Français.
1720	Échec et banqueroute de Law, qui démissionne et s'enfuit.	(3 mars) *L'Amour et la Vérité*, première comédie de Marivaux, est représentée au Théâtre-Italien, suivie le 17 octobre d'*Arlequin poli par l'amour* (12 représentations). Le 16 décembre, *La Mort d'Annibal* est donnée au Théâtre-Français (succès médiocre). La banqueroute de Law entraîne la ruine partielle de Marivaux.
1721	Montesquieu : *Lettres persanes.*	En juillet, Marivaux lance un journal, *Le Spectateur français*, à l'imitation du *Spectator* anglais. Il paraîtra jusqu'en 1724.
1722	Le cardinal Dubois, Premier ministre.	Création par les Italiens de *La Surprise de l'amour.* C'est un succès (13 représentations).

1723	Mort du Régent. Début du règne de Louis XV. Les Italiens portent désormais le titre de Comédiens italiens ordinaires du Roi.	*La Double Inconstance* (Théâtre-Italien, 15 représentations). Mort de Mme de Marivaux.
1724		En février, création du *Prince travesti* (Théâtre-Italien, 16 représentations). Juillet : *La Fausse Suivante* (Théâtre-Italien, 13 représentations). Décembre : *Le Dénouement imprévu* (Comédie-Française, 6 représentations).
1725	Mariage de Louis XV avec Marie Leszczyńska.	En mars, les Italiens donnent la première comédie sociale de Marivaux : *L'Île des Esclaves* (21 représentations). En août, ils jouent *L'Héritier de village* (9 représentations).
1726	Ministère Fleury.	Les Comédiens-Italiens reprennent diverses comédies de Marivaux devant la cour. Marivaux rédige *L'Indigent philosophe* (publié en 1727).
1727		Création en août de *L'Île de la raison ou les Petits Hommes* à la Comédie-Française (4 représentations) puis de *La Seconde Surprise de l'amour* en décembre (14 représentations).
1728		En avril, *Le Triomphe de Plutus* (Théâtre-Italien, 12 représentations).
1729		Échec de *La Nouvelle Colonie ou la Ligue des femmes* (Théâtre-Italien, 1 seule représentation).

	REPÈRES HISTORIQUES ET CULTURELS	VIE ET ŒUVRES DE MARIVAUX
1730	Mme Du Deffand crée son salon littéraire.	*Le Jeu de l'amour et du hasard* (Théâtre-Italien, 14 représentations).
1731	Prévost : *Histoire du Chevalier des Grieux et de Manon Lescaut*.	En juin, parution de la première partie de *La Vie de Marianne.* Les parties suivantes (2 à 11) paraîtront entre 1734 et 1741, mais le roman restera inachevé. En novembre, création de *La Réunion des amours* par les Comédiens-Français (10 représentations).
1732	Naissance de Beaumarchais.	En mars, création du *Triomphe de l'amour* par les Comédiens-Italiens (6 représentations). En juin, les Comédiens-Français donnent *Les Serments indiscrets* (9 représentations). En juillet, les Italiens créent *L'École des mères* (14 représentations).
1733	Mort de Mme de Lambert : Mme de Tencin recueille les habitués de son salon.	*L'Heureux Stratagème* (Théâtre-Italien, 18 représentations).
1734		*Le Cabinet du philosophe* (publication périodique, 11 feuilles de janvier à avril). En mai-juin paraissent les deux premières parties du *Paysan parvenu*, en septembre-octobre les parties trois et quatre (la cinquième paraîtra en 1735). En août, les Comédiens-Italiens créent *La Méprise* (3 représentations). En novembre, les Comédiens-Français jouent *Le Petit-Maître corrigé* (1 seule représentation).

1735	Nivelle de la Chaussée : *Le Préjugé à la mode* (comédie larmoyante).	*La Mère confidente* (Théâtre-Italien, 17 représentations).
1736		*Le Legs* (Comédie-Française, 7 représentations).
1737	*Marianne*, opéra-comique de Panard et Favart, tiré du roman de Marivaux.	*Les Fausses Confidences* (Théâtre-Italien, 6 représentations).
1738		*La Joie imprévue* (Théâtre-Italien).
1739	Mort de l'Arlequin Thomassin.	*Les Sincères* (Théâtre-Italien).
1740	Frédéric II roi de Prusse. Guerre de Succession d'Autriche (1740-1748). Chardin peint le *Bénédicité*.	*L'Épreuve* (Théâtre-Italien, 17 représentations).
1741		Rédaction de *La Commère* (comédie tirée du *Paysan parvenu*). La pièce ne sera créée qu'en 1967.
1742		Marivaux est élu à l'Académie française, à l'unanimité.
1743	Mort de Fleury : gouvernement personnel de Louis XV.	
1744		*La Dispute* (Comédie-Française, 1 seule représentation).
1745	(11 mai) Bataille de Fontenoy.	Colombe Prospère de Marivaux entre au couvent.
1746		*Le Préjugé vaincu* (Comédie-Française, 7 représentations).
1748	Traité d'Aix-la-Chapelle.	

	REPÈRES HISTORIQUES ET CULTURELS	VIE ET ŒUVRES DE MARIVAUX
1749	Mort de Mme de Tencin : Mme Geoffrin prend la succession de son salon.	
1751	Parution du premier volume de l'*Encyclopédie* de Diderot et d'Alembert.	
1752	Querelle des Bouffons (oppose les partisans de la musique française à ceux de la musique italienne). Première condamnation de l'*Encyclopédie.*	
1753	Mort de Luigi Riccoboni.	Louis Michel Van Loo peint le portrait de Marivaux.
1754	Naissance du Dauphin (futur Louis XVI).	Publication par *Le Mercure* de *L'Éducation d'un prince* (dialogue).
1755	Rousseau : *Discours sur l'origine et les fondements de l'inégalité parmi les hommes.*	Représentation de *La Femme fidèle* au théâtre de Berny (théâtre privé).
1756	Début de la guerre de Sept Ans.	Lecture à la Comédie-Française de *Félicie* et *L'Amante frivole*, comédies non représentées (*Félicie* est publiée par *Le Mercure* en 1757 ; le texte de *L'Amante frivole*, non publié, est perdu). En novembre, publication des *Acteurs de bonne foi.*
1757	Diderot : *Le Fils naturel.*	
1758	Diderot : *Le Père de famille.* Rousseau : *Lettre à d'Alembert sur les spectacles.* Mort de Silvia.	
1759	Voltaire : *Candide.*	

1760	Rousseau : *Julie ou La Nouvelle Héloïse.*	
1762	Rousseau : *Émile ou De l'éducation*; *Du contrat social*. Fusion du Théâtre-Italien et de l'Opéra-Comique.	
1763	Traité de Paris (fin de la guerre de Sept Ans et démantèlement de l'empire colonial français). Mort de l'abbé Prévost.	Le 12 février, mort de Marivaux à Paris.
1764	Voltaire : *Dictionnaire philosophique.*	
1774	Mort de Louis XV. Début du règne de Louis XVI.	
1775	Beaumarchais : *Le Barbier de Séville.*	
1778	Mort de Voltaire et de Rousseau.	
1781		Les *Œuvres complètes de M. de Marivaux* sont publiées chez la Veuve Duchesne (12 vol.).

BIBLIOGRAPHIE

ÉDITIONS

MARIVAUX, *Théâtre complet*, éd. Bernard Dort, Seuil, coll. « L'Intégrale », 1964.

MARIVAUX, *Théâtre complet*, éd. Frédéric Deloffre, coll. « Classiques Garnier », 1968, 2 vol. ; nouvelle édition revue et mise à jour avec la collaboration de Françoise Rubellin, Le Livre de Poche, coll. « La Pochothèque », 2000.

MARIVAUX, *Théâtre complet*, éd. Henri Coulet et Michel Gilot, Gallimard, coll. « Bibliothèque de la Pléiade », 1993-1994, 2 vol.

SUR LE THÉÂTRE DU XVIIIe SIÈCLE

ATTINGER, Gustave, *L'Esprit de la commedia dell'arte dans le théâtre français*, Librairie théâtrale, 1950 ; rééd. Slatkine, 1993.

BÉNAC-GIROUX, Karine, *L'Inconstance dans la comédie du XVIIIe siècle*, L'Harmattan, 2010.

BIET, Christian, *Droit et littérature sous l'Ancien Régime. Le jeu de la valeur et de la loi*, Honoré Champion, 2002.

BOURQUI, Claude, *La Commedia dell'arte. Introduction au théâtre professionnel entre le XVIe et le XVIIIe siècle*, SEDES, 1999 ; rééd. Armand Colin, 2011.

DAGEN, Jean, FRANÇOIS-GIAPPICONI, Catherine et MARCHAND, Sophie (dirs), *La Chaussée, Destouches et la comédie nouvelle au XVIIIe siècle*, Presses universitaires de Paris-Sorbonne, 2012.

FORSANS, Ola, *Le Théâtre de Lélio. Étude du répertoire du Nouveau Théâtre-Italien de 1716 à 1729*, Oxford, *Studies on Voltaire and the Eighteenth Century*, 2006.

FRANTZ, Pierre, *L'Esthétique du tableau dans le théâtre du XVIIIe siècle*, PUF, 1998.

FRANTZ, Pierre et MARCHAND, Sophie (dirs), *Le Théâtre français du XVIIIe siècle. Histoire, textes choisis, mises en scène*, L'Avant-Scène théâtre, 2009.

GOLDZINK, Jean, *Comique et comédie au siècle des Lumières*, L'Harmattan, 2000.

LAGRAVE, Henri, *Le Théâtre et le public à Paris de 1715 à 1750*, Klincksieck, 1972.

LARTHOMAS, Pierre, *Le Théâtre en France au XVIIIe siècle*, PUF, coll. « Que sais-je ? », 1980 ; rééd. 1989.

LEVER, Maurice, *Théâtre et Lumières. Les spectacles de Paris au XVIIIe siècle*, Fayard, 2001.

LOUVAT-MOLOZAY, Bénédicte et SALAÜN, Franck (dirs), *Le Spectateur de théâtre à l'âge classique (XVIIe-XVIIIe siècles)*, Montpellier, L'Entretemps, 2008.

MARCHAND, Sophie, *Théâtre et pathétique au XVIIIe siècle : pour une esthétique de l'effet dramatique*, Honoré Champion, 2009.

MORAUD, Yves, *La Conquête de la liberté de Scapin à Figaro. Valets, servantes et soubrettes de Molière à Beaumarchais*, PUF, 1981.

MOUREAU, François, *Le Goût italien dans la France rocaille. Théâtre, musique, peinture (v. 1680-1750)*, Presses universitaires de Paris-Sorbonne, 2011.

PÉROL, Lucette, « L'image du bourgeois au théâtre entre 1709 et 1775 », *Études sur le XVIIIe siècle*, Clermont-Ferrand, Presses universitaires Blaise-Pascal, coll. « Textes et documents », 1979, p. 121-134.

PLAGNOL-DIÉVAL, Marie-Emmanuelle et QUÉRO, Dominique (dirs), *Les Théâtres de société au XVIIIe siècle*, Éditions de l'université de Bruxelles, coll. « Études sur le XVIIIe siècle », n° 33, 2005.

POIRSON, Martial (dir.), *Art et argent en France au temps des premiers modernes (XVIIe-XVIIIe siècles)*, Oxford, *Studies on Voltaire and the Eighteenth Century*, 2004.

POIRSON, Martial, *Spectacles et économie à l'âge classique*, Classiques Garnier, 2011.

QUÉRO, Dominique, *Momus philosophe. Recherches sur une figure littéraire du XVIIIe siècle*, Honoré Champion, 1995.

ROUGEMONT, Martine DE, *La Vie théâtrale en France au XVIIIe siècle*, Honoré Champion, 1988.

SCHERER, Jacques, *Théâtre et anti-théâtre au XVIIIe siècle*, Oxford, Clarendon Press, 1975.

SUR MARIVAUX

BONHÔTE, Nicolas, *Marivaux ou les Machines de l'opéra. Étude de sociologie de la littérature*, Lausanne, L'Âge d'homme, 1974.

COULET, Henri et GILOT, Michel, *Marivaux. Un humanisme expérimental*, Larousse, 1973.

COULET, Henri, EHRARD, Jean et RUBELLIN, Françoise (dirs), *Marivaux d'hier, Marivaux d'aujourd'hui*, actes du colloque de Riom (8-9 octobre 1988), CNRS Éditions, 1991.

DELOFFRE, Frédéric, *Une préciosité nouvelle. Marivaux et le marivaudage*, Armand Colin, 1955 ; rééd. Slatkine, 1993.

DELON, Michel (dir.), *Marivaux*, *Europe*, n° 811-812, novembre-décembre 1996.

DOUDET, Estelle, *Marivaux*, Studyrama, 2005.

EHRARD, Jean, « Marivaux ou les chemins de la sincérité », *Littérature française. Le XVIIIe siècle*, t. I : 1720-1750, Arthaud, 1974, p. 167-200.

GAZAGNE, Paul, *Marivaux par lui-même*, Seuil, 1954.

GEVREY, Françoise (dir.), *Marivaux et l'imagination*, actes de l'université Toulouse-Le Mirail II (2 et 3 juillet 1998), Éditions universitaires du Sud, 2002.

GILOT, Michel, *L'Esthétique de Marivaux*, SEDES, 1998.

LAGRAVE, Henri, *Marivaux et sa fortune littéraire*, Bordeaux, Ducros, 1970.

POULET, Georges, « Marivaux », *Études sur le temps humain*, t. II : *La Distance intérieure*, Plon, 1952 ; rééd. « Pocket », 1989, p. 1-34.

ROUSSET, Jean, « Marivaux ou la structure du double registre », *Forme et signification. Essai sur les structures littéraires de Corneille à Claudel*, José Corti, 1962, p. 45-64.

ROY, Claude, *Lire Marivaux*, Seuil, 1947.

STEWART, Philip, « Marivaux : un badinage sérieux », *Le Masque et la parole. Le langage de l'amour au XVIIIe siècle*, José Corti, 1973, chap. IV, p. 123-147.

SALAÜN, Franck (dir.), *Pensée de Marivaux*, Amsterdam-New York, Rodopi, 2002.

SALAÜN, Franck (dir.), *Marivaux subversif ?*, actes du colloque de l'université Paul-Valéry-Montpellier III (14-16 mars 2002), Desjonquères, 2003.

TOMLINSON, Robert, *La Fête galante. Watteau et Marivaux*, Genève, Droz, 1981.

SUR LE THÉÂTRE DE MARIVAUX

AILLOUD-NICOLAS, Catherine (dir.), *Marivaux, ou les Préjugés vaincus ?*, PUF, 2009.

BERNADET, Arnaud (dir.), « Dossier Marivaux », *Coulisses. Revue de théâtre de l'université de Franche-Comté*, n° 34, octobre 2006, p. 75-198.

DABBAH EL-JAMAL, Choukri, *Le Vocabulaire du sentiment dans le théâtre de Marivaux*, Honoré Champion, 1995.

DEGUY, Michel, *La Machine matrimoniale ou Marivaux*, Gallimard, 1981 ; rééd. « Tel », 1986.

DÉMORIS, René, « Le père en jeu », *Op. cit.*, n° 7, Pau, 1996, p. 127-132.

DESCOTES, Maurice, *Les Grands Rôles du théâtre de Marivaux*, PUF, 1972.

DORT, Bernard, « À la recherche de l'amour et de la vérité : esquisse d'un système marivaudien », *Les Temps modernes*, janvier-mars 1962 ; article repris dans *Théâtres. Essais*, Seuil, 1986, p. 25-59.

FOURNIER, Nathalie, « Dire et redire : formes et fonctions du rapport de parole dans les comédies de Marivaux », *Littératures classiques*, n° 27, « L'esthétique de la comédie », Gabriel Conesa (dir.), 1996, p. 231-242.

FRANTZ, Pierre (dir.), *Marivaux : jeu et surprises de l'amour*, Presses universitaires de Paris-Sorbonne, 2009.

GUILHEMBET, Jacques, « Les fonctions d'Arlequin dans cinq comédies de Marivaux », *Littératures classiques*, n° 27, « L'esthétique de la comédie », Gabriel Conesa (dir.), 1996, p. 305-320.

MARCHAND, Sophie et BOISSIERAS, Fabienne, *Marivaux*, Neuilly-sur-Seine, Atlande, 2009.

MORAUD, Yves, « Le discours de la séduction dans le théâtre de Marivaux », *L'Information littéraire*, mai-juin 1987, p. 107-113.

MOUREAU, François, *Le Cahier d'esquisses de Marivaux et autres textes*, Klincksieck, 1992.

PAVIS, Patrice, *Marivaux à l'épreuve de la scène*, Publications de la Sorbonne, 1986 (voir en particulier le chap. V, p. 281-320, entièrement consacré aux *Fausses Confidences*).

POMEAU, René, « Pour une dramaturgie de Marivaux », *Essays on Diderot and the Enlightment in Honor of Otis Fellows*, Genève, Droz, 1974, p. 256-267.

ROUSSET, Jean, « Une dramaturge dans la comédie : la Flaminia de *La Double Inconstance* », Florence, *Rivista di Letterature moderne e comparate*, vol. 41, fasc. 2, 1988.

RUBELLIN, Françoise, *Marivaux dramaturge*, Honoré Champion, 1996.

RUBELLIN, Françoise, *Lectures de Marivaux*, Presses universitaires de Rennes, 2009.

SANAKER, John Kristian, *Le Discours mal apprivoisé. Essai sur le dialogue de Marivaux*, Klincksieck, coll. « Didier Érudition », 1987.

SERMAIN, Jean-Paul, « Le dispositif du transfert dans le théâtre de Marivaux », *Op. cit*, n° 7, Pau, 1996, p. 153-160.

SERMAIN, Jean-Paul, « La donne des femmes dans le jeu de l'amour et du mariage », *Marivaux*, *L'École des lettres*, n° 8, février 1997, p. 139-148.

SERMAIN, Jean-Paul, « Le corps étranger dans le théâtre de Marivaux. Une dramaturgie de la présence », *Dix-Huitième Siècle*, n° 38, 2006, p. 541-552.

SPACAGNA, Antoine, *Entre le oui et le non. Essai sur la structure profonde du théâtre de Marivaux*, Berne, Peter Lang, 1978.

TROTT, David, « Marivaux et la vie théâtrale de 1730 à 1737 », Raymond Joly (dir.), *Vérités à la Marivaux*, Québec, Presses de l'université Laval, *Études littéraires*, vol. 24, 1991, p. 19-29.

SUR *LES FAUSSES CONFIDENCES*

BORIAUD, Jean-Yves, « Les jeux de l'être et du paraître dans *Les Fausses Confidences* », *L'Information littéraire*, janvier-février 1988, p. 16-19.

DÉMORIS, René, *Lecture des Fausses Confidences de Marivaux. L'être et le paraître*, Belin, 1987.

DORT, Bernard, « Le "tourniquet" de Marivaux », *Cahiers du Studio-Théâtre*, n° 16, Vitry, octobre 1979, p. 5-7.

GILOT, Michel, « Du *Jeu de l'amour et du hasard* aux *Fausses Confidences* : remarques sur l'évolution du théâtre de Marivaux », *Études littéraires*, n° 24 (1), 1991, p. 9-18.

GOLDZINK, Jean, « L'escalier et le déshabillé. *Les Fausses Confidences* », *Les Cahiers de la Comédie-Française*, n° 22, hiver 1997 ; article repris dans Jean Goldzink, *Comique et comédie au siècle des Lumières*, L'Harmattan, 2000.

PAVIS, Patrice, « L'espace des *Fausses Confidences* et les fausses confidences de l'espace », *Organon*, Presses universitaires de Lyon, 1980 ; repris dans *Voix et images de la scène*, Presses universitaires de Lille, 1982 ; rééd. 1985.

SCHERER, Jacques, « Analyse et mécanisme des *Fausses Confidences* », *Cahiers Renaud-Barrault*, n° 28, janvier 1960, p. 11-19.

TISSIER, André, *Les Fausses Confidences de Marivaux. Analyse d'un « jeu » de l'amour*, SEDES, 1976.

LEXIQUE

AFFRONTÉ : trompé.
AIMABLE : digne d'être aimé(e).
AMPLIFIER : exagérer.
AMUSER : 1) occuper, distraire. 2) faire perdre son temps.
AU MOINS : formule d'insistance (dans la conversation).
AUTANT DE PRIS : autant de gagné.

BIEN VENANTS : payés régulièrement.

DÉFAITE : prétexte.
DÉRANGÉ : désordonné, maladroit (dans ses affaires).
DISTINCTION : haute naissance.
DEVOIR : avoir des raisons de.
D'OÙ VIENT : pourquoi.

ÉCLATER : se révéler avec éclat, de façon scandaleuse.
ENFANCE : enfantillage.
ÉTABLISSEMENT : 1) mariage. 2) situation avantageuse (obtenue par le mariage).
ÊTRE À QUELQU'UN : être au service de quelqu'un.
ÉVÉNEMENT : issue.
EXPÉDIÉ : anéanti.

FAÇON : mine, contenance, manière de se comporter.
FAT : sot, impertinent.
FATIGUER : harceler, persécuter.
FIDÉLITÉ : honnêteté, probité.
FORTUNE : 1) richesse, bien matériel. 2) le sort, le hasard. 3) le bonheur, la chance.

GOÛT : penchant.

HABILE : compétent.
HEUREUX : favorisé par la chance.
HOMME DE QUELQUE CHOSE : qui a une situation (familiale) importante.
HONNÊTE : 1) poli, civil. 2) de famille honorable. 3) qui respecte les bienséances.
HONNÊTEMENT : d'une manière digne d'un « honnête » homme.

IMPERTINENT : effronté, impudent.

INSUFFISANCE : incapacité.

LOGIS (PERSONNE AU) : se dit de quelqu'un qui a perdu la raison.

MAGOT : singe.

MALHONNÊTE : mal élevé, incivil.

MALICE : méchanceté, fourberie.

MOUVEMENT : émotion violente, sentiment, souffrance morale.

PARTI : emploi, situation matérielle.

PRATICIEN : celui qui connaît la pratique (la procédure), notaire, greffier ou procureur.

PRÉVENIR (EN SA FAVEUR) : faire bonne impression. Employé seul, le participe passé (« prévenu ») peut avoir un sens défavorable.

REMETTRE (SE) : se rappeler, se ressouvenir.

REVENIR (DE) : 1) changer de goût, d'inclination. 2) revenir d'une prévention, abandonner une rancune.

SENTIMENTS (AVOIR DES) : avoir de la sensibilité.

SERVITEUR : 1) formule employée pour prendre congé. 2) formule de refus.

TOUT À L'HEURE : tout de suite.

TABLE

Mise en page par Meta-systems - 59100 Roubaix

N° d'édition : L.01EHPN000503.N001
Dépôt légal : mai 2012
Imprimé en Espagne par Novoprint (Barcelone)